마음을 빼앗는 글쓰기 전략

디지털 세대를 사로잡는 온라인 마케팅 글쓰기 룰 71

마음을 빼앗는 글쓰기 전략

EVERYBODY WRITES

앤 핸들리 지음 ● **김효정** 옮김

KOREA.COM

지금은 누구나 글을 써야 하는 시대, 글 잘 쓰는 모든 답이 여기 있다!

나는 글쓰기를 좋아하지 않았다. 대학 때 작문 수업에서 'D'를 받은 것은 나의 감추고 싶은 비밀이다. 그랬던 내가 지금은 커뮤니케이션 분야에서 베스트셀러를 3권이나 써낸 작가가 되었다. 그리고 지금은 글쓰기에 관한 책에 추천사까지 쓰고 있다. 내가 글쓰기 책을 추천하는 이유는 나 같은 사람도 글을 쓸 수 있으니 당신도 희망을 가지라고 말해 주고 싶어서다.

나는 훌륭한 커뮤니케이션의 위력이 얼마나 대단한지 잘 알고 있다. 하지만 안타깝게도 세상에는 따분한 마케팅이 넘쳐나고 있다. 너무 정해진 공식에 맞추다 보니 재미라고는 찾아볼 수 없다. 만약 당신의 일이 커뮤니케이션과 관련이 있다면 직종, 직위, 경력, 직무의 특성과 관계없이 이 책을 열심히 읽어야 한다. 지금은 누구나 글을 써야 하는 시대니까!

— 낸시 두아르떼 | 두아르떼디자인 대표, 《슬라이드올로지》, 《공감》의 저자

내가 글쓰기를 처음 시작할 때 이 책이 있었다면 얼마나 좋았을까? 생각을 종이에 옮기기만 하면 글이 된다고 생각하는 사람들이 많지만 절대 그렇지 않다. 요즘처럼 콘텐츠가 모든 것을 결정하는 세상에서 글쓰기는 그보다 훨씬 역동적인 과정이다. 이 책에서 앤 핸들리는 훌륭한 스토리를 독자에게 들려주고, 그들의 공감을 사는 법을 우리에게 가르쳐 준다.

당신이 콘텐츠를 만드는 사람이라면 이 책을 꼭 사야 한다. 콘텐츠 창작팀의 팀장이라면 모든 팀원에게 이 책을 한 권씩 사 주어야 한다. 아이디어가 필요한 사람들은 이 책을 언제나 가까이 두고 참고할 수 있다.

— 미치 조엘 | 트위스트이미지 회장, 2008년 세계 100대 온라인 마케터 선정, '디지털 마케팅계의 록스타'로 불림. 《미래를 지배하는 식스픽셀》의 저자

핸들리는 시중에 나와 있는 콘텐츠의 대부분이 원하는 목적을 달성하지 못하는 이유를 철저히 분석한다. 또 그녀는 콘텐츠의 문제를 바로잡을 수 있는 현실적이고 실용적인 방법을 알려 준다. 텍스트든, 오디오든, 비디오든 웹 콘텐츠를 만드는 모든 사람은 이 책을 읽어야 한다.

— **소니아 시몬** | 카피블로거미디어 콘텐츠책임자

네트워크로 연결된 세상에서 글쓰기 능력이 개인의 성공적인 미래를 위해 꼭 필요한 요소가 되리라고 누가 예상할 수 있었을까? 이 책은 글쓰기를 삶의 중요한 일부로 만드는 데 필요한 모든 도구를 제시한다. 앤의 책은 흥미진진하며, 복잡한 주제도 이해하기 쉽게 풀어냈다. 저자는 아주 괜찮은 사람이다(역시 이 책을 사야 할 이유 중 하나다).

— **조 풀리지** | 콘텐트마케팅연구소 설립자, 《콘텐트 마케팅 파워》의 저자

오늘날 글쓰기는 마케팅에 반드시 필요한 능력이 되었다. '어떻게 하면 글을 잘 쓸 수 있을까?' 하고 남몰래 고민했던 사람이라면 모두 이 책을 읽고 고개를 끄덕이게 될 것이다. 이 책은 다른 어떤 책과도 비교할 수 없는 쉬운 방법으로 이 고민을 해결해 준다. 늘 그렇듯이 앤은 이 책에 유머와 열정을 모두 담았다. 틀림없이 즐겁고 유익한 독서 경험이 될 것이다.

— **닉 웨스터가드** | 브랜드드리븐디지털 최고전략책임자

글쓰기는 결코 쉬운 일이 아니다. 글쓰기에 관한 책을 쓰는 것은 거의 불가능에 가까운 일이다. 하지만 앤은 그 일을 해냈다. 그녀만이 할 수 있는 일이다. 소중한 정보와 기법, 사례, 웃음이 가득한 이 책은 글로 성공하기를 바라는 모든 사람을 위한 책이다.

— C. C. 채프먼 ｜《콘텐츠 룰》의 공저자, 스토리텔러

다른 책은 모두 던져 버려도 좋다. 당신의 콘텐츠를 놀라운 수준으로 끌어올리고 싶다면 이 책 하나로 충분하다. 앤은 어설픈 글을 우아하고 흥미로운 글로 발전시키는 방법을 재치 있게 전달한다. 그녀는 당신에게 웃음을 주는 동시에 실력을 키우도록 이끌어 주는 훌륭한 스승이다. 책을 10권이나 쓴 나도 이 책에서 많은 것을 배웠다. 이제 새로 만들어진 콘텐츠 창작 근육을 한껏 자랑하고 싶다.

— 데이비드 미어먼 스코트 ｜《온라인에서 팔아라》의 저자

이 책의 제목을 '글쓰기 실력을 키워 세상을 정복하는 71가지 방법!'이라고 붙여도 결코 과장이 아닐 것이다. 이제는 우리 모두가 발행인이며, 글을 잘 쓸수록 사람들에게 쉽게 다가가 그들을 설득하고 원하는 목적을 이룰 수 있다. 이 책과 함께 승리자가 되자.

— 브라이언 클라크 ｜ 카피블로거미디어 창립자, CEO

이 책은 스티븐 킹의 《유혹하는 글쓰기》 이후로 가장 훌륭한 글쓰기 안내서이며, 매우 유용하다. 모든 유형의 글을 잘 쓰는 방법이 풍부하게 수록되어 있으며 어느 내용 하나 가볍게 넘길 수 없다. 이 책은 키보드 하나를 팔 때마다 끼워서 팔아야 한다. 명확한 커뮤니케이션을 위한 세트 상품처럼 말이다. 프롤로그까지만 읽어도 글쓰기 실력은 이미 향상되어 있을 것이다. 책을 끝까지 읽으면 스타인벡의 경쟁 상대가 될지도 모른다. 이 책을 적극 추천한다.

— **제이 베어** | 컨빈스 & 컨버트 회장, 《실시간 혁명》의 저자

마침내 디지털 세대를 위한 실용적인 글쓰기 안내서가 나왔다! 이 책은 '어떻게 쓸 것인가'와 '무엇을 쓸 것인가'에 대한 지식을 독특하게 결합했다. 날마다 고객과의 커뮤니케이션을 시도하든, 한 자리에 앉아서 책을 쓰든, 앤 핸들리의 남다른 스타일과 영감을 주는 지혜는 당신의 글쓰기를 완전히 바꿔 놓을 것이다.

— **앤드류 M. 데이비스** | 《브랜드스케이핑》의 저자

차례

1장. 글쓰기 규칙:
글쓰기 실력 키우기, 글쓰기 덜 싫어하기 ·············· 31

2장. 글쓰기 규칙: 최소한만 알면 되는 문법과 용법 ······ **113**

글을 잘 쓰고 싶으면
글쓰기 근육을 단련시키자!

지난 화요일, 나는 난생처음으로 팔굽혀펴기에 성공했다. 이 말을 듣고 '그게 뭐 어쨌다고?'라고 반응하거나 나를 한심하게 바라보는 사람도 있을 것이다. 어찌됐든 내게는 축하할 만한 일이다. 여태껏 내 능력 밖이라고 여겼던 일을 5개월간의 피나는 노력 끝에 성공시켰기 때문이다.

우리 집안 사람들은 모두 운동 신경이라고는 눈곱만큼도 없다. 다들 어찌나 행동이 굼뜨고 어설픈지 학급 대표 선수로 뽑히는 일은 꿈도 꿀 수 없었고, 공만 보면 지레 겁부터 먹기 일쑤였다. 나는 그야말로 말라비틀어진 약골이었다. 그래서 팔굽혀펴기를 한 번이라도 (그러다 5번, 10번으로 늘려 결국 50번 이상!) 해내는 것은, 이런 책을 러시아어로 써내는 것만큼이나 불가능한 일이라고 생각했다.

그건 그렇고, 나는 왜 글쓰기와 콘텐츠 창작에 관한 책에서 눈물 없이는 들을 수 없는 팔굽혀펴기에 대한 이야기를 꺼냈을까?

훌륭한 콘텐츠 창작법을 배우는 것은 필요한 근육을 키우는 것과 비슷하기 때문이다. 지금 독자 여러분 중에 스스로를 작가나 콘텐츠 생산자라고 여길 사람은 없을 것이다. 내가 팔굽혀펴기 한 세트를 거뜬히 해내리라고는 상상도 못했듯이 말이다.

글솜씨는 선택받은 소수만이 타고나는 특별한 능력이라고 생각하는 사람들이 많다. 글쓰기는 예술이나 다름없어서 뮤즈에게 영감을 받아야 비로소 좋은 글이 나온다고 생각한다. 그들은 세상에 본래 두 종류의 사람이 있다고 단정해 버린다. 글재주를 타고난 사람과, 아무리 애를 써도 전혀 발전이 없는 글쓰기 바보가 미리 정해져 있다는 것이다.

하지만 나는 절대 그렇게 생각하지 않는다. 당신도 그런 생각은 버려야 한다. 꾸준히 글 쓰는 습관을 들이고, 필요한 지식을 갖추고, 글쓰기에 각별한 관심만 가진다면 누구나 글솜씨를 기를 수 있다. 모든 사람은 훌륭한 글(아니면 적어도 지금보다는 나은 글)을 쓸 수 있는 잠재력을 갖고 있다.

〈뉴욕타임스〉 기자 데이비드 카의 말마따나 "글쓰기는 뮤즈를 불러들이는 것이 아니라 글자가 글로 바뀔 때까지 눌러 앉아 있는 것이다." 결국 세상 사람을 글재주를 타고난 사람과 타고나지 못한 사람으로 나눌 수 없다는 말이다. 그보다는 자기가 글을 쓸 수 있다고 생각하는 사람과 쓸 수 없다고 생각하는 두 부류의 사람이 있다고 봐야 한다(하지만 보통은 양쪽 모두 착각에 빠져 있다!)

실제로 대부분의 사람들은 그 중간 어디쯤에 해당한다. 그러니 무미건조한 글을 탈피해 독자들에게 영감을 주는 글을 쓰고 싶다면 필요한 근육을 단련시키면 그만이다.

SNS를 한다면 누구나 작가

웹사이트를 갖고 있다면 누구나 발행인이라 할 수 있다. 소셜미디어를 이용한다면 누구나 마케터다. 그 말은 우리 모두가 작가라는 뜻이다. 그렇다 쳐도 요즘 같은 시대에 과연 누가 글쓰기에 관심을 가질까? 가볍고 짤막한 문구와 낚시질용 헤드라인, 트위터 스트림, 인스타그램 피드, 이미지 파일과 동영상, 스냅챗이 지배하는 바쁜 세상에서 글쓰기에 공을 들이라고 하면 고리타분한 잔소리처럼 들리지 않을까?

인터넷 뉴스 사이트 버즈피드의 '채닝 테이텀을 닮은 13개의 감자'와 같은 어이없는 리스티클('list(목록)'와 'article(기사)'을 결합한 용어로, 버즈피드가 유행시킨 기사 형식의 글. '~하는 몇 가지'라는 형태를 띤다─옮긴이)에 2,000개의 트윗과 1만 4,000개의 페이스북 공유가 붙는 사실을 보면 더 이상 글쓰기에 정성을 쏟을 이유가 없어진 것은 아닐까?

그러나 글쓰기의 중요성은 과거 어느 때보다 덜하지 않다. 온라인 세계에서 우리를 대변할 수 있는 것은 우리가 사용하는 언어뿐이다. 사용자 경험 전문가 베스 던의 표현대로라면, 온라인에 쓴 글은 우리가 어떤 사람인지 세상에 알리는 역할을 한다. 어떤 글을 쓰느냐에 따라 우리는 스마트해 보이기도 하고 멍청해 보이기도 한다. 글은 우리를 재미있는 사람, 따뜻한 사람, 유능한 사람, 믿을 만한 사람으로 만들어 줄 수 있다. 또는 평범한 사람, 정신이 오락가락하는 사람, 따분한 사람으로 보이게 할 수도 있다.

다시 말해 우리는 글을 쓸 때 단어를 신중히 선택하고, 경제적이면서 세련된 표현으로 독자의 공감을 얻어야 한다는 뜻이다. 또 그 말은 그동안 콘텐츠 마케팅에서 대수롭지 않게 취급되던 '글을 어떻게 써야 하며, 어떻게 하면 진실한 이야기를 효과적으로 전달할 수 있는가'라는 문제를 진지하게 고민해야 한다는 뜻이기도 하다. 리스티클이나 프리젠테이션 슬라이드는 물론 지금 내가 쓰고 있는 이 글에도 해당되는 얘기다. 그러니 글쓰기를 통해 훌륭한 의사소통을 할 줄 아는 능력은, 있으면 좋은 능력이 아니라 없어서는 안 될 꼭 필요한 능력이다. 콘텐츠 마케팅에서 절대 무시할 수 없는 기본 중에 기본이다.

콘텐츠란 무엇인가?

그건 그렇고 콘텐츠란 대체 무엇일까?

콘텐츠는 웹페이지나 제품 소개 페이지, 블로그, 이메일 뉴스레터 등에 쓰이는 문구에 한정되지 않는다. 사실 콘텐츠는 우리가 생각하는 것보다 범위가 넓다. 현재의 고객 또는 잠재 고객이 접하거나 경험하는 모든 것이 콘텐츠에 속한다. 결국 콘텐츠는 당신의 온라인

자산과 웹페이지, 그것들이 제공하는 경험은 물론 인스타그램, 트위터, 페이스북, 링크드인, 유튜브 등 소셜미디어에 담긴 모든 내용을 아우른다.

콘텐츠 전략 회사 브레인트래픽의 CEO이며, 저명한 강연자 겸 작가인 크리스티나 핼버슨에 따르면, 모든 사용자 경험이 콘텐츠에 해당한다. 결국 당신의 콘텐츠는 당신의 제품이나 서비스를 이용하는 사람들과 소통하는 수단으로 볼 수 있다.

"라이온 킹"의 무파사가 아들 심바와 함께 프라이드 록에 올라 자신의 왕국을 굽어 보며 했던 말을 빌리자면, "태양이 비추는 모든 것이 콘텐츠다." 물론 이건 농담이다. 그때 무파사가 콘텐츠 얘기를 했을 리는 없고, 실제로는 "태양이 비추는 모든 곳이 우리 왕국이다"라고 했다. 그러나 온라인에서 이 개념은 '모든 것이 콘텐츠'라는 말로 풀이될 수 있다. 또 콘텐츠(사용자 경험)의 핵심은 대체로 '글쓰기'로 볼 수 있다. 블로그 포스트, e북, 백서, 트위터 포스트, 웹사이트 텍스트는 말 그대로 경험에 해당한다. 때로는 글쓰기가 원고를 바탕으로 제작되는 동영상이나 슬라이드쉐어, 파워포인트 프레젠테이션, 데이터와 텍스트를 결합한 인포그래픽 같은 시각적 경험의 기초가 되기도 한다.

이렇게 콘텐츠가 모든 것을 지배하는 시대에도 여전히 글쓰기를 대수롭게 않게 여기는 기업이 적지 않다. 물론 그런 태도는 회사에 전혀 득 될 것이 없다. 고객이 웹사이트를 방문했는데 로고, 슬로건 등 회사의 브랜드를 제대로 알릴 수 있는 콘텐츠가 없다고 생각해 보자. 그래도 방문자는 그곳이 당신 회사의 웹페이지라고 알아볼 수 있을까?

글은 우리를 대신해 중요한 메시지를 전달해 준다. 글은 우리를 대변하고, 개인이나 기업이 세상에 알리고 싶은 메시지를 전해 주는 대리자다.

그렇다면 다음 문제를 생각해 봐야 할 것 같다. '나는 나만의 시각과 독특한 스타일로 나의 이야기를 하고 있는가?'

비즈니스에서 훌륭한 글쓰기 실력은 단순한 도구에 그치지 않는다. 건축 기술자가 전기톱을 능숙하게 다루듯, 훌륭한 글쓰기는 우리 모두 능숙하게 사용할 줄 알아야 하는 전동 공구다.

훌륭한 글쓰기는…

◆ 콘텐츠의 최종 형태가 무엇이든 **주목받는 콘텐츠를 제작하는 데 꼭 필요한 요소**다.

◆ 명확하고 깊이 있는 사고를 유도해 업계 특유의 **복잡함을 정리하는 해결책**이 되어 준다. 아마존의 CEO 제프 베조스는 회의를 효율적으로 진행하기 위해 글쓰기를 활용한다고 알려져 있다. 그는 대면 회의 직전에 임원진에게 6페이지 분량의 설명 자료를 읽게 한다고 한다.

베조스는 2012년 PBS 방송국의 "찰리 로즈 쇼"에서 이렇게 말했다. "자신의 생각을 완전한 문장이나 완결된 단락으로 표현하려면 더 깊고 체계적으로 생각해야 합니다." 사람들은 수치와 요점만 정리한 메시지를 작성할 때보다 서술 구조를 갖춘 글을 쓸 때 주제에 대해 폭넓은 관점에서 생각하게 된다.

◆ **고객의 입장을 직관적으로 이해하고 공감하는 능력**을 길러 준다. 심리학자 스티븐 핑커는 하버드대 글쓰기 프로그램의 교재에

서 이렇게 정리했다. "글쓰기는 다양한 사회생활 환경에서 꼭 필요한 능력인 직관력을 길러 준다. 사람들의 머릿속을 파고들어 그들이 원하는 것을 이해하는 데 도움을 준다."

결국 글쓰기는 매우 중요하다. 당신의 글(그리고 말)과 문체(그리고 말하는 태도)는 당신의 가장 소중한(그러나 그 가치를 충분히 인정받지 못하는) 자산이다.

이 책에서 허접한 콘텐츠와의 전쟁을 선포하는 세 가지 이유

1. 우리 개개인이 모두 발행인이기 때문이다. 나의 첫 책《콘텐츠 룰》(C. C. 채프먼과 공저)은 콘텐츠 중심의 마케팅을 촉진하는 데 기여했는데, 콘텐츠를 마케팅의 핵심으로 삼고 콘텐츠의 힘을 십분 활용하면 비즈니스의 가치를 크게 높일 수 있다는 메시지를 전했다.

이 책이 나온 지 4년이 지난 지금은 수많은 업계에서 콘텐츠를 중심으로 하는 마케팅 방식을 채택했다. 마케팅프로프스와 콘텐츠 마케팅연구소가 발표한 2014년 연간 보고서에 따르면 93퍼센트의 B2B 회사와 90퍼센트의 B2C 회사가 마케팅 전략을 세울 때 콘텐츠를 활용하고 있다고 한다.

일류 마케터들은 콘텐츠를 꾸준히 생산하는 데 필요한 구조와 절차를 마련했으며, 그런 조치를 전략 목표에도 반영했다. 콘텐츠 관련 예산도 확대하는 추세다. 마케팅 수단도 블로그, 동영상, 웹캐스트, 팟캐스트 등으로 다양해지고 있다. B2B 기업은 평균 열두 가지, B2C 기업은 평균 열세 가지의 마케팅 전략을 보유하고 있다고 한다. 한 기업이 활용하는 소셜미디어 플랫폼은 평균 여섯 가지나 된다.

그러나 우리가 조사한 마케터 가운데 약 절반(B2C 기업의 51퍼센트, B2B 기업의 47퍼센트)은 여전히 호소력 있는 콘텐츠를 어떻게 제작해야 할지 막막하다고 했다. 사실 고객의 관심을 끌 만한 콘텐츠를 제작하는 것은 누구에게나 어려운 과제다.

최신 기술과 소셜미디어 덕분에 누구나 접근성과 통제력을 얻게 되었다. 이제는 누구나 웹사이트, 블로그, 이메일 뉴스레터, 페이스북 페이지, 트위터 스트림 등 자기만의 온라인 출판 플랫폼을 소유할 어마어마한 기회를 손에 넣었다.

'어마어마한 기회'라는 말은 괜한 소리가 아니다. 마케팅 대상과의 의사소통 방법과 내용을 바꿀 기회는 어마어마한데, 우리는 여전히 그 기회를 충분히 활용하지 못하고 있다.

우리는 모두 발행인이지만 고객과 직접 접촉할 수 있는 막대한 기회를 허비하고 허접한 콘텐츠로 사람들을 혼란에 빠뜨리는 경우도 많다.

목표는 이미 정해졌다. 이제 우리는 콘텐츠가 온라인에서 존재감을 드러내는 확실한 수단이라는 점을 깊이 이해하였다. 구글을 비롯한 검색 엔진들은 쓰레기 같은 정보가 아닌 양질의 콘텐츠를 취급하겠다는 입장을 분명히 밝혔다. 이제는 고객이 신뢰할 수 있는 수준 높고 유용한 콘텐츠 경험을 창조하는 데 주력해야 한다.

우리는 이미 스스로를 발행인으로 생각하고 있다. 이제 남은 일은 글을 쓰고 발행하는 것뿐이다.

2. 간결함과 명확성이 과거 어느 때보다 중요하다. 당신에게 어마어마한 기회가 있다면 경쟁 업체에게도 어마어마한 기회가 있다. 동료나 친구, 라이벌, 승진심사에서 쟁쟁한 적수가 될 옆자리의 직원에게도 같은 기회가 있다.

이 기회는 우리에게 새로운 부담을 안겨 주며 마케팅 면에서는 새로운 과제를 부과한다. 우리는 이미 치열한 경쟁에 휘말린 것이다. 명확하고 간결한 글을 써야 하는 이유는 그 때문이다. 아이디어와 생각을 명료하게 전달해야 하고, 독자를 존중한다는 뜻을 드러내야 하며, 무성의한 콘텐츠를 마구 찍어 낸다는 인상을 남겨서는 안 되는 것이다.

조금은 가혹한 말이지만 20년 가까이 마케팅 글쓰기 편집자로 일한 내가 보기에는 세상에 나와 있는 기사와 포스트, 홍보 문구, e메일 콘텐츠의 대부분이 갈피를 못 잡는 엉성한 글이라고 해도 과언이 아닐 정도다.

3. 중요한 것은 스토리텔링이 아니라 진실한 스토리이다. 마케팅 전문가들은 갈수록 스토리와 스토리텔링의 중요성을 강조하고 있

고, 나 역시 여기서 우수한 콘텐츠의 중요성에 대해 떠들고 있다.

하지만 이런 말은 아무리 들어도 막연하게만 느껴질 것이다. 좋은 콘텐츠란 대체 무엇일까? 우리는 정말로 스토리텔링을 해야 할까? 이 용어에는 진실을 꾸며 내고 윤색한다는 의미가 담겨 있는데도?

콘텐츠 마케팅이 탄생한 이후 줄곧 이 신세계에 몸담아 온 한 사람으로서 내 생각은 이렇다. 우수하고 의미 있는 콘텐츠가 꼭 스토리텔링을 뜻하는 것은 아니다. 오히려 진실한 이야기를 솜씨 있게 전달하는 것이라 할 수 있다. 작가 잭 케루악의 말을 빌리면 "무엇을 쓰는지도 중요하지만 어떻게 쓰는지도 중요하다."

마케팅에서 우수한 콘텐츠란 뚜렷한 유용성을 갖추고 있으며, 영감이 충만하고 고객과 지속적으로 공감하는 콘텐츠를 의미한다.

◆ 유용성이란 고객이 자신에게 의미 있는 일을 하도록 돕는 것을 말한다. 그들의 짐을 덜어 주고, 고통을 분담하고, 의사 결정에 도움을 주는 것이다.

◆ 영감이란 당신의 콘텐츠가 데이터나 창조성에 의해 영감을 받는

것(또는 양쪽 모두)을 뜻한다. 신선하고 독특하며 완성도가 높고 디자인도 훌륭하며 오로지 당신만이 만들 수 있을 것 같은 콘텐츠여야 한다.

◆ 공감은 철저히 고객의 입장을 반영해야 한다는 뜻이다. 세상에서 빛이 닿는 모든 것이 콘텐츠라면, 우리는 고객의 눈으로 세상 모든 것을 봐야 한다.

내 수학 실력은 별로지만 우수한 콘텐츠의 최적 요건을 기억하기 쉬운 간단한 공식으로 정리해 보았다. 각 요소가 곱셈부호로 연결돼 있음에 주의해야 한다. 즉 유용성, 영감, 공감 중 어느 하나의 값이 0이면 콘텐츠의 가치도 0이 된다.

우수한 콘텐츠 = 유용성 × 영감 × 공감

비즈니스에서 우수함이란 헤밍웨이나 마이클 샤본, 존 디디온, 조지 R. R. 마틴 등 위대한 작가들의 수준에 필적하는 아름다움이나 진지함, 무게를 뜻하는 것은 아니다.

내 말은 당신이 소설을 쓰든 FAQ 페이지를 쓰든, 무엇이 글 쓰는 이를 위대하게 만드는지 생각해 봐야 한다는 뜻이다. 그것은 바로 독자나 고객과 끊임없이 공감하려는 마음가짐이다.

내가 지금껏 접한 최고의 콘텐츠는 한 전자제품 웹사이트에서 다운로드한 세련된 디자인의 식기세척기 수리 안내서였다. 그것은 배출 호스에 걸린 유리컵 조각을 빼내는 고충을 해소하는 데 꼭 필요한 유용성, 영감, 공감을 모두 갖춘 콘텐츠였다.

최고의 글쓰기 책을 위해 이 책을 쓰다

훌륭한 글쓰기 안내서는 시중에 충분히 나와 있지만 내가 보기에는 글쓰기에 필요한 진짜 조언이라기보다 선문답에 가까웠다. 다들 흥미로운 책이었지만 대략적인 원리만 제시할 뿐 구체적인 글쓰기 방법은 알려 주지 않는다. 나는 조언이라 하면 모름지기 구체적인 방법을 담고 있어야 한다고 생각한다.

글쓰기 안내서를 표방하는 책 중에는 문장 구조만 너무 깊이 파헤치는 책도 많다. 시험 점수 향상이 목적이라면 나쁘지 않다. 그러나 이번 주에 고객에게 보낼 이메일을 쓸 때 완전 바보처럼 보이지 않는 것이 목적이라면 그다지 도움이 되지 못할 것이다.

사실 마케터를 위한 글쓰기 규칙, 스토리 작성 요령, 기본적인 출판 윤리, 글쓰기 근육을 키우는 과정과 습관에 대한 조언을 모두 담은 책은 찾아보기 어렵다.

소설가, 평론가, 기자들을 위한 글쓰기가 아닌 비즈니스를 위한 실용적인 글쓰기에서 단순하고 인상 깊은 콘텐츠 제작 방법을 제시하는 책 역시 흔치 않다.

내가 이 책을 직접 쓴 이유도 입맛에 맞는 책을 찾지 못해서다. 글쓰기 안내서이자, 브랜드를 대변하는 콘텐츠를 창조 또는 관리하는 사람을 위한 책상 위의 믿을 만한 동반자가 되는 것이 이 책의 목표다.

그런 목표를 달성하기 위해 나는 이 책을 여섯 개의 파트로 구성했다.

1장 '글쓰기 규칙: 글쓰기 실력 키우기, 글쓰기 덜 싫어하기'에서는 사고의 깊이를 더하고 글쓰기 실력을 높일 수 있는 유용한 지식을 다룬다.

2장 '글쓰기 규칙: 문법과 용법'에서는 대부분의 사람들이 글을 쓸 때 고민할 만한 문제를 짚어 본다. 적절한 어휘를 선택하는 방법과 깔끔한 문장이나 단락을 쓰기 위한 약간의 문법 지식을 익히면서 콘텐츠 제작의 준비운동을 시작한다.

3장 '스토리 규칙'에서는 콘텐츠에 마음과 영혼, 진정성을 불어넣고 신뢰감을 부여하는 요소가 무엇인지 알아본다.

4장 '발행 규칙'에서는 저널리즘과 출판의 기본 원칙에 대해서 다룬다.

5장 '마케터가 자주 쓰는 글'에서는 마케터가 흔히 접하는 마케팅 과제에 전략적으로 접근하는 법을 배운다.

부록 '콘텐츠 도구'에서는 최고의 작품을 써내기 위해 활용할 만한 참고 자료와 도구를 소개한다.

이 책의 목표는 글쓰기 실력 향상을 위한 이정표를 제시하는 실용적이고 편리한 가이드북이 되는 것이다. 아무리 복잡한 콘텐츠라도 명확한 생각과 정갈한 문장이 담긴 글에서부터 시작한다면 비즈니스에 날개를 달아 줄 훌륭한 결과물을 만들어 낼 수 있다.

작가 스티븐 킹에 따르면, 우리가 형편없는 글을 쓰는 이유는 두려움 때문이라고 한다. 그는 《유혹하는 글쓰기 On Writing》에서 이렇게 지적했다. "덤보는 마법 깃털의 도움으로 하늘을 날았다. …… 하지만 덤보는 애초에 깃털이 필요치 않았다. 그의 내면에 이미 마법이 깃들어 있었음을 잊지 말자."

이 말은 당신과, 나, 우리 모두에게도 해당된다. 우리도 덤보처럼 의지와 용기, 영감, 진취성, 기지만 갖춘다면 얼마든지 도전할 수 있다. 결국 지금 따져 봐야 할 문제는 '나만의 독특한 관점을 갖고 나만의 스타일로 이야기를 하고 있는가?'가 아니다.

지금 중요한 질문은 이것이다.

"준비됐나요? 함께 시작해 볼까요?"

PART
01

글쓰기 규칙:
글쓰기 실력 키우기,
글쓰기 덜 싫어하기

글쓰기 방법이 딱 한 가지만 있는 것은 아니다. 아이를 키우거나 칠면조를 굽는 방법이 단 하나가 아닌 것과 마찬가지다. 그러나 이 세 가지를 망치는 방법 역시 여러 가지가 있다. 또 셋 중 무엇을 하든 시작하기 전에 그 기본적인 절차는 알아 둬야 한다. 나는 당신이 구이를 만들기 전에 최소한 오븐과 팬은 구비해 놓아야 한다는 상식쯤은 갖추었다고 가정할 생각이다. 다시 말해 이 책은 당신이 기본적인 도구(기초적인 맞춤법과 문법, 단어의 사용, 구두점 사용법 등 모국어에 대한 최소한의 지식)는 갖고 있다는 전제에서 시작한다.

문예지 〈애틀랜틱〉의 수석 편집자 타네히시 코츠는 1년간 MIT 학생들에게 글쓰기를 가르친 적이 있다. 코츠는 당시에 느낀 점을 이렇게 정리했다. "이 학생들은 수학 공식에만 익숙해져 글쓰기 공식을 받아들일 마음가짐은 갖추지 못한 것 같았다. 심지어 한 여학생은 수학 실력은 노력하여 키울 수 있지만 글쓰기 능력은 타고나지 못하면 그만이라고 주장했다. 나는 그 학생에게 사실은 글쓰기도 수학과 다를 게 없다고 말해 줘야 했다."

이 말은 곧 학습을 통해 글쓰기 실력을 기를 수 있다는 뜻이다. 삼각함수와 대수학을 배우거나 대차대조표의 두 항을 맞추는 법을 익히는 것과 다름없다. 네이먼언론연구소(전 세계 언론인을 위한 연수 프로그램을 운영하고 있는 '네이먼 언론재단'의 산하 연구기관—옮긴이)의 에세이 〈나는 어떻게 수학 울렁증을 극복하고 실력자가 되었나〉에서 매트 웨이트는 이렇게 말한다. "수학을 잘하고 못하고의 차이는 오로지 노력이다. 일반적인 수준의 노력이 아니라 남다른 노력이어야 한다. 지금껏 쏟은 어떤 노력보다 더한 노력이어야 한다. 그게 전부다."

글쓰기도 이와 다르지 않다.

1장에서는 내가 글쓰기에서 가장 중요하다고 생각하는 모든 것을 소개한다. 20년 이상 업무상 글을 쓰고 편집을 하면서 내가 습득하고 발견한 모든 것을 누구나 글쓰기에 적용할 수 있는 규칙으로 정리했다. 아무쪼록 글을 구상하고 살을 붙일 때나, 적합한 단어를 고르고 문장을 만들고 글의 운율이나 흐름을 살릴 때, 그 밖의 모든 과정에서 1장에서 소개하는 규칙이 큰 도움이 되기를 바란다.

지금껏 글이라고는 거의 써 본 적이 없다면(또는 글쓰기에는 도통 소질이 없다고 확신하게 된 어떤 트라우마를 갖고 있다면) 1장에서 유용한 글쓰기 절차와 구조를 익혀 힘찬 새 출발을 할 수 있을 것이다.

이미 어느 정도 글을 써 왔다면 더 수준 높은 글을 효과적으로 써내는 데 필요한 지혜를 얻을 수 있을 것이다. 경험이 풍부한 작가라면 자신의 기량을 한층 더 갈고 닦는 기쁨과 즐거움을 만끽할 수 있을 것이다.

나는 이 책을 '규칙'을 나열하는 식으로 구성했다. 유용하면서도 쉽게 기억할 수 있는 글쓰기 요령을 전달하고 싶기 때문이다. 글쓰기 안내서를 표방하면서도 두루뭉술하게 좋은 말만 늘어놓는 책들과 차별화하고 싶어서이기도 하다.

어떤 상황에서든 이 '규칙'은 우리를 옭아매는 것들이 아니라 쓸모 있는 도구가 되어야 할 것이다. 이 책의 모든 규칙은 글을 쓸 때 반드시 지켜야 하는 규칙이라기보다 편리한 가이드라인쯤으로 받아들이면 된다. 볼링공이 홈으로 빠지지 않도록 레인에 설치한 범퍼라고 생각하면 이 가이드라인을 따랐을 때 당신이 스트라이크를 칠 가능성도 크게 높일 수 있을 것이다.

때로 규칙을 어기거나 도구를 내다 버릴 수도 있다. 어차피 모든 규칙은 깨라고 있는 것 아닌가? 차라리 종이집게와 투명 테이프를 이용해 기발한 물건을 만들어 내는 맥가이버가 되어 보는 건 어떨까. 그것이 바로 내가 당신에게 바라는 것이다. 하지만 그렇게 하려면 우선 어떤 규칙을 깰지, 어떤 도구를 내다 버릴지를 알아야 한다.

Rule 1

우리 모두는 작가다

빈약한 글쓰기 근육을 우람하게 키우는 비결은 바로 날마다 글을 쓰는 것이다. 글쓰기는 예술이 아니라 습관이기 때문이다.

글쓰기 습관을 기를 생각이 있다면 자신이 이미 날마다 글을 쓰고 있다는 사실을 알아야 한다. e메일을 쓰고 페이스북, 트위터, 인스타그램에 포스팅을 하고 블로그에 댓글을 다는 활동이 모두 글쓰기 아닌가. 그런 활동들을 매일 반복하는 수련의 일부라고 생각하면 된다. 오랫동안 계단을 이용해 건물을 오르내리다 보면 어느새 신체가 단련되는 것과 같은 이치다.

이 첫 번째 규칙은 우리가 일반적으로 '콘텐츠'라고 생각하는 것들에만 해당하는 것이 아니라, 당신의 전반적인 의사소통 기술 향상에 모두 적용된다고 생각해 줬으면 좋겠다. 당신의 글은 온라인에서 통용되는 화폐나 다름없다. 글은 당신이 전하고 싶은 중요한 정보를 고객과 세상에 전달하는 매개체다.

나는 당신의 독자와 팔로워, 고객이 당신의 글을 좀 더 재미있게 읽고 당신이 그 일로 자부심을 느끼기를 바란다.

그렇게 되려면 우리 모두의 마음속에 큰 변화가 필요하다. 우리가 사용하는 언어를 온라인에서 우리 자신과 회사의 정체성을 드러내는 중요한 도구로 인식해야 한다. 하지만 무엇보다 작가가 되는 것을 가로막는 두려움, 나태함, 부족한 자신감을 극복하고 필요한 지식을 쌓아야 한다.

"글을 잘 쓰고 싶다면 무엇보다 많이 읽고 많이 써야 한다." 스티븐 킹은《유혹하는 글쓰기》에서 이렇게 강조했다. 이 말은 스티븐 킹 본인처럼 책을 써서 먹고 살려는 사람들에게 한 말이다. 그러나 오늘날을 사는 우리는 이미 날마다 많이 쓰고 많이 읽고 있다.

나는 작가다. 당신도 작가다. 우리 모두 작가다.

Rule 2

글쓰기는 예술이 아니라 습관이다

<u>글쓰기는 예술이나</u> 다름없어서 선택받은 행운아만이 좋은 글을 쓸 수 있다고 믿고 싶을 때가 있다. 하지만 그것은 핑계일 뿐이다. 의사소통에 무심하고 소홀한 사람들이 자신의 게으름을 합리화하려는 핑계에 지나지 않는다. 좋은 작가가 되려면 무엇보다 생산적인 사람이 되어야 한다. 즉 글쓰기 실력을 높이는 비결은 글을 쓰는 것이다.

위대한 작가들에게는 남다른 영감의 원천이나 생산성을 높이는 특별한 비법이 있을 거라 믿고 싶을 것이다. 시인이자 유머작가, 교육자인 테일러 말리에게 어느 장소에서 글 쓰는 것을 가장 좋아하느냐는 질문을 하자 그가 무덤덤하게 대답했는데, 그 대답에도 사람들의 그런 기대가 반영돼 있다.

클래식한 수제 종이와 200년 된 만년필을 준비합니다. 매일 아침 세 차례 사랑을 나누고 …… 밖으로 나가 8킬로미터를 달립니다. 나른

함을 느낄 때면, 우리 집 다락방의 둥근 창 너머로 해돋이를 바라보며, 알몸으로 펜을 들고 시를 씁니다. 원래는 오른손잡이지만 더 창의적인 시를 쓰기 위해 왼손으로 펜을 잡습니다. 그리고 좀 더 신선한 아이디어를 떠올릴 수 있도록 라틴어로 글을 씁니다. 그것도 히브리어 쓰듯이 오른쪽에서 왼쪽으로요….

하지만 이것은 유머이고, 실제로는 이렇게 글을 쓴다고 덧붙였다.

그냥 컴퓨터 앞에 앉아서 씁니다.

세계의 위대한 작가들은 대부분 계획을 세워 규칙적으로 글을 써야 한다고 강조한다. 마야 안젤루, 어니스트 헤밍웨이, 찰스 디킨스, 올리버 색스 모두 창조적인 리듬을 유지하기 위해 규칙적인 생활을 했다. 그 중에는 별난 습관을 지닌 작가도 있었지만(헤밍웨이는 서서 글을 썼고, 마야 안젤루는 집안일 생각에 집중력이 흐트러지지 않도록 저렴한 호텔방을 이용했다) 대부분은 남들과 다름없는 평범한 스케줄과 시간표를 따랐다. 다작으로 유명한 벤저민 프랭클린의 일과표를 잠시 들여다보자.

프랭클린의 하루 일과는 우리의 일상생활과 비슷하다. 정시에 출근하는 직장인에게서 흔히 볼 수 있을 법한 생활 패턴이다.

하지만 원래 그런 것이다. 글을 좀 더 잘 쓰려면 근육을 키울 때처럼 헬스클럽 트레이너와 약속한 대로 최소한 체육관에 나타나기라도 해야 한다. 글쓰기도 근력 운동처럼 처음에는 거북하고 고통스럽

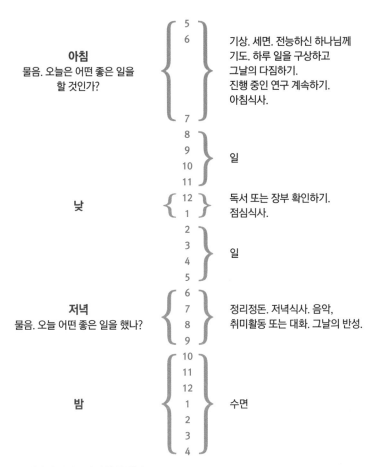

아침 물음. 오늘은 어떤 좋은 일을 할 것인가?	5 6 7	기상. 세면. 전능하신 하나님께 기도. 하루 일을 구상하고 그날의 다짐하기. 진행 중인 연구 계속하기. 아침식사.
	8 9 10 11	일
낮	12 1	독서 또는 장부 확인하기. 점심식사.
	2 3 4 5	일
저녁 물음. 오늘 어떤 좋은 일을 했나?	6 7 8 9	정리정돈. 저녁식사. 음악, 취미활동 또는 대화. 그날의 반성.
밤	10 11 12 1 2 3 4	수면

▲ 벤저민 플랭클린의 하루 일과
※ 출처: ⓒ Project Gutenberg.

기만 하다. 나 역시 처음에 쫄쫄이와 운동화를 착용하니 왠지 겉멋을 부리는 것 같아 민망했다. 여덟 살짜리 어린애 크기는 족히 돼 보이는 역기 밑에서 끙끙대고 있자니 바보가 된 느낌이었다. 하지만 너무 힘들어서 그만두고 싶을 때 끝까지 견뎌 내는 것이 관건이다.

한마디로 글솜씨를 키우는 비결은 규칙적으로 글을 쓰는 습관을 갖는 것이다. 작가 그레첸 루빈의 말대로 "습관은 일상을 이루는 보이지 않는 건축물이다." 습관이 글쓰기 실력을 떠받치는 지지대가 될 수 있다는 뜻이다.

마케팅 소프트웨어 기업 허브스폿의 사용자 경험 편집자 베스 던은 2013년 보스턴에서 개최된 허브스폿의 사용자 이벤트에서 그녀가 '글쓰기의 신'이 된 비결을 이렇게 설명했다. "아무리 어설픈 글이라도 매일 써 보세요. 하루도 빠짐없이 써야 합니다. 그 습관을 계속 유지하세요."

그래서 구체적으로 어떻게 하라는 말인가?

하루 중 정신이 가장 맑은 시간을 비워 둔다. 나의 경우 잡생각의 방해를 받지 않는 아침 시간에 가장 초롱초롱하다. 시간대는 사람마다 다를 수 있고 그게 언제인지는 본인이 가장 잘 알 테니 각자 정하기 바란다.

많이 쓰기보다 자주 쓴다. 이것은 작가 제프 고인스가 자신의 웹사이트(GoinsWriter.com)에서 제시한 조언이다. "토요일에 다섯 시간 글을 쓰는 것은 한 주 내내 매일 30분씩 쓰는 것만 못하다. 특히 처음 시작할 때는."

제프는 매일 글을 쓰는 습관이 중요한 이유를 정확하게 지적했다. "한 주에 한 번 하는 일은 습관이 아니라 의무일 뿐이다."

그는 이렇게 덧붙였다. "솔직해지자. 한 주에 한 번씩만 하다가는 얼마 안 가 때려치울 게 뻔하지 않은가."

훌륭한 작가가 되는 지름길은 없다. 그냥 책상 앞에 앉아 글을 쓰는 것이다. 날마다.

Rule 3

시험 점수를 위해 배운 규칙은 잊으라

지난봄 미국 대학입시위원회에서 SAT(미국 대학수학능력시험)의 전면 개정안을 발표했다. 공포의 '5단락 에세이' 문제가 2016년부터 선택 사항으로 바뀐다는 것이 개정안의 골자였다.

MIT의 레스 페렐만 교수는 이 에세이 시험을 오랜 기간 강하게 비판해 왔다. 페렐만은 에세이 시험의 평가 방식이 얼마나 어처구니없는지 〈뉴욕타임스 매거진〉에 이를 폭로한 적이 있다. 에세이의 길이를 늘이고, 어려운 단어를 동원하고, 난해한 지식을 아무 데나 드문드문 섞으면 높은 점수를 받을 수 있다는 것이다. 페렐만은 에세이 파트에서 변변치 못한 점수를 받은 후 재시험을 준비하는 학생 16명을 어떻게 지도했는지 밝혔다. 다음은 〈타임스〉 기자 토드 발프가 쓴 기사 내용이다.

페렐만 교수는 학생들에게 구체적인 사실을 적시하는 것은 중요하지만 그 정확성은 문제가 되지 않는다고 가르쳤다. "1812년 전쟁이 1945년에 시작됐다고 써도 상관없어요." 페렐만의 말이다. 그 학생들에게 'plethora'(양진)이나 'myriad'(천태만상)처럼 흔히 사용되지 않는 어려운 단어를 섞어서 쓰고, 프랭클린 루즈벨트 같은 저명인사의 명언 두세 가지를 미리 준비했다가 적당히 끼워 넣으라고 조언했다. 이런 명언이 질문 내용과 관계가 있는지는 따질 필요가 없다고 했다.

페렐만은 학생들에게 글을 최대한 장황하게 늘여서 답안지의 가장자리와 뒷면까지 꽉꽉 채우게 했다. 페렐만에 따르면 그의 지도를 받은 16명의 학생 중 15명이 재시험에서 처음보다 높은 점수를 받았다고 한다. 그리고 그는 다음과 같은 인상적인 말을 남겼다. "저는 그 학생들에게 시험만 치르고 나면 다시는 그런 식으로 글을 쓰지 말라고 당부했어요. 그건 제대로 된 글쓰기가 아니니까요."

SAT에 나오는 '5단락 에세이' 쓰는 법은 대체로 이렇다.

1. 도입. 도입에서는 주제문을 제시하거나 앞으로 에세이에서 다룰 내용을 짤막하게 요약한다.

2. 본문1. 본문1에는 가장 강력한 주장과 설득력 있는 예시, 주제를 뒷받침하는 논점이 들어가야 한다. 이 단락의 첫 문장에는 도입 단락의 끝 문장에 등장했던 주의환기용 어구를 그대로 받는 연결 어구가 포함돼야 한다. 이 단락의 주제는 첫 번째 또는 두 번째 문장에 나타나야 하며 이 주제는 도입 단락의 주제문과 관련성을 지녀야

한다. 이 단락의 마지막 문장에도 본문2와 연결될 주의환기용 어구가 포함돼야 한다.

3. 본문2. 본문2에는 두 번째로 강력한 주장과 납득할 만한 예시, 주제를 뒷받침하는 논점이 들어가야 한다.

4. 본문3. 본문3에서는 가장 약한 주장과 예시, 논점을 제시한다.

5. 결론. 결론에서는 주제를 다시 한 번 강조한다. 이때 도입 단락과 본문 세 단락의 요점을 정리하되 앞에서 썼던 표현을 똑같이 반복해서는 안 된다.

고등학생의 글이 이 정도 형식을 갖추었다면 완벽하다고 봐도 좋을 것이다. 하지만 너무 형식에 얽매인 글은 쓰는 것도, 읽는 것도 따분하기 짝이 없다는 점이 문제다. 더구나 이러한 형식은 올바른 글쓰기 방법은 단 하나밖에 없으며 다른 방법은 모두 잘못되었다는 생각을 은연중에 강요한다.

아이를 양육하는 방법이나 칠면조를 굽는 방법이 단 하나일 수 없듯, 글 쓰는 방법도 결코 한 가지가 아니다.

학교에서 배운 규칙이 글쓰기의 유용한 길잡이였던 시절도 있다. 하지만 이제는 내려놓을 때가 되었다.

Rule 4

글 쓰는 것을
특권으로 생각하자

<u>잘 나가는 기업은 안 팔리는 물건을</u> 자선단체에 기부하듯 특색 없는 블로그 포스트를 마구 찍어 내지 않는다. 그들은 무엇보다 고객의 요구를 우선시하며, 콘텐츠를 창작하는 능력을 특권이라고 생각한다.

글 쓰는 것이 특권이라니, 이상하지 않은가?

나는 이상하다고 생각하지 않는다. 오히려 장차 훌륭한 콘텐츠를 생산하기 위해서는 이런 인식이 꼭 필요하다고 생각한다. 여기에는 고객과의 관계를 소중히 여기고 그들의 필요를 먼저 고려한다는 의미가 담겨 있기 때문이다.

절대 허투루 하는 소리가 아니다. 당신이 만들어 내는 모든 콘텐츠는 상사나 클라이언트가 아닌 고객을 만족시켜야 한다.

요즘은 누구나 글쓰기 플랫폼을 쉽게 이용하여 잠재적 고객에게 다가갈 수 있다. 우리 모두는 사람들에게 영향을 주고, 지식과 즐거움, 도움을 제공할 능력을 지녔다. 또 한편으로는 사람들의 분노나 짜증을 유발하고 손에 쥔 기회를 완전히 날려 버릴 가능성도 갖고 있다.

그래서 기업들은 고객을 존중하면서, 유익하고 재미있고 감동적인 방식으로 그들의 필요를 충족시켜야 하는 과제를 안게 되었다. 또한 시스코의 동영상 제작자인 팀 워셔처럼 단순함을 유지하는 것도 큰 과제다. 다시 말해 콘텐츠는 명확하고, 간결하고, 유용해야 한다.

간결함은 분량을 최대한 줄이고 뼈대만 남긴다는 뜻이 아니다. 적어도 전달하려는 이야기는 빠짐없이 담아야 한다. 콘텐츠의 분량은 콘텐츠의 종류에 따라 결정된다. 간결함이란 군더더기나 과장을 빼는 것을 뜻한다. 자기 말만 늘어놓으며 독자의 귀중한 시간을 뺏는 작가가 되어서는 안 된다.

또 글은 명확하게 써야 한다. 아리송한 글로 독자를 고생시키지 말자. 독자의 고충은 아무리 헤아려도 부족하다. 또한 콘텐츠는 쓸모가 있어야 한다. 독자는 뭔가 도움이 되는 내용이 있어야만 글을 읽는다.

이런 점을 유념하여 글을 쓰고, 고쳐 쓰고, 편집하자. 페이스북의 콘텐츠 전략가 조너선 콜먼은 이렇게 말했다.

"글은 공감으로 시작해, 효용으로 이어가고, 분석으로 개선한 다음, 사랑으로 완성해야 합니다."

Rule 5

문장 앞부분에 가장 중요한 단어나 아이디어를 배치한다

우리는 글을 쓸 때 문장 처음에 관형어나 부사어를 배치해 독자들이 문장의 요지를 금방 파악하지 못하게 만들 때가 많다. 하지만 각 문장의 앞부분에 주어(행위자)와 동사(행위)를 놓으면 허술한 문장도 한층 그럴듯해 보인다. 문장의 처음에는 친근한 인상을 주는 단어를 배치해야 독자에게 글을 계속 읽고 싶다는 욕구를 일으킬 수 있다.

다음 예를 살펴보면 내 말뜻을 이해할 수 있을 것이다. 미국 질병통제예방센터가 만든 글쓰기 안내서의 첫 문장은 이렇다.

"2006년 미국 교육부에서 발간한 '전국 성인 읽기 능력 평가 보고서'에 따르면, 기초적인 읽기 능력이 부족한 성인이 3,000만 명에 이른다고 한다."

이 문장의 주된 메시지는 수천만 명의 사람이 읽고 쓰는 능력을 완전히 갖추지 못했다는 사실이고, 나머지는 모두 부차적인 정보다.

핵심 아이디어를 앞에 배치하면 문장은 이렇게 바뀐다.

"미국 성인 중 약 3,000만 명은 읽기 능력이 부족하다고 한다. 2006년 미국 교육부에서 발간한 '전국 성인 읽기 능력 평가 보고서'의 결론이다."

얄궂게도 이 안내문의 제목은 '간결한 글쓰기'다. 그 내용은 전혀 간결하지 않은데 말이다. 역시 '간결한 글쓰기'에서 가져온 문장이다.

"반드시 잊지 말아야 할 사실을 하나 말하자면, 건강 지식이 풍부한 사람들도 이해하기 쉽고, 유용하고, 사용하기 편리한 건강 정보를 원한다."

문장 처음에 쓰인 쓸데없는 말을 빼면 어떻게 될까? 같은 내용이지만 군더더기를 빼 버리면 중요한 사실을 강조할 수 있다.

"건강 지식이 풍부한 사람일수록 이해하기 쉽고, 유용하며, 편리하게 활용할 수 있는 건강 정보를 원한다."

문장 처음에 피해야 할 문구들은 다음과 같다.

- …에 따르면
- 생각해 보면…
- (중요한, 바람직한, 대단한 등등) 것은…
- 개인적으로…
- 이 글(e메일, 포스트, 기사)의 목적은…
- 2015년(그 밖의 연도)에…
- 내가 보기에…

이런 표현을 굳이 써야겠다면 가장 마지막에 덧붙이거나 중간 어디쯤에 끼워 넣는 게 낫다.

Rule 6

글쓰기의 GPS를 따른다

《모래와 안개의 집 *House of Sand and Fog*》을 쓴 소설가 안드레 듀버스는 글쓰기를 "칠흑같이 어둡고 긴 굴속에서 조금씩 앞으로 나아가는 것"이라고 표현했다. 앞으로 몇 발짝씩 간신히 나아갈 수 있을 뿐 결국 언제, 어디에 도착할지는 알 수 없다는 뜻이다.

글쓰기의 고통과 막막함을 조금이나마 덜고 싶다면, 글쓰기를 길을 찾는 과정으로 생각해 보자.

학교에서 작문을 배울 때는 오로지 최종 결과물에만 초점을 맞췄다. 선생님들은 초안과 아이디어 노트보다는 최종적으로 제출하는 과제를 중요시했다. 과정 역시 교육의 일부인데 최종 결과물로 향하는 여정을 밝혀 줄 횃불을 건네주신 선생님은 없었다.

토마토 껍질을 벗기거나 무에 붙은 흙을 떨어내는 일처럼 '과정'은 지루하고 소모적인 일처럼 느껴진다. 그러나 글쓰기에서는 과정이 중요하다. 글쓰기 과정은 뒤죽박죽인 생각을 누구나 이해할 수 있는 논리 정연한 글로 이끌어 주는 GPS와 같다.

다음에 소개할 내용은 블로그 포스트, e북, 백서, 웹사이트 콘텐츠 등 **긴 글을 쓸 때 적용할 수 있는 11단계의 과정**이다. 작가보다 독자를 내세워야 한다는 것, 자신의 견해를 뒷받침할 믿을 만한 정보나 데이터를 찾는 것, 엉성한 초안을 작성하는 것 등이다.

하지만 이 과정에 대한 전체적인 그림이나 윤곽을 파악하는 것도 중요하다. 훌륭한 글을 쓰려면 계획과 준비가 필요하다.

1. 목표. 당신의 사업 목표는 무엇인가? 당신은 무엇을 성취하고자 하는가? 당신이 쓰는 모든 글은 비즈니스나 마케팅 등 전체적인 목표에 연결돼야 한다. 개인 블로그 포스트도 다르지 않다.

여기서 가장 중요한 것은 자신의 글에 애정을 갖는 것이다. 거짓말을 하는 것은 자유지만 독자들은 당신의 위선에 거부감을 느끼게 된다. 애정이 왜 중요하냐고? 자기가 쓰는 글에 자기도 관심이 없는데 누가 관심을 갖겠는가.

당신도 다음과 같이 글을 쓰는 목표를 세워 보자. "우리 회사의 최신 공동 편집 소프트웨어 출시를 사람들에게 알리고, 그들의 관심을 유도하여 판매량을 늘리는 것."

2. 재구성. 독자 끌어들이기. 독자와 관련이 있어 보이도록 아이디어를 재구성한다. 이 상품은 그들에게 왜 중요하며, 무슨 의미가 있는가? 그들이 왜 굳이 관심을 가져야 하는가? 독자에게 전달하고 싶은 교훈이나 메시지는 무엇인가? 그들에게 어떤 가치를 제공하는

가? 그들은 제품의 어떤 점을 궁금해할까? 당신은 어떤 도움이나 조언을 제시할 수 있는가?

시스코에 다니는 팀 워셔는 이 재구성 과정을 독자에게 주는 선물이라고 했다. 어떻게 하면 아낌없이 주는 마음으로 독자에게 봉사할 수 있을까?

재구성으로 원하는 결과를 얻기 위해 나는 '그래서 뭐?'라고 질문하고 '왜냐하면'이라고 대답하는 자문자답법을 쓴다. 아무리 머리를 쥐어짜도 더 이상 답변이 떠오르지 않거나 철학자들이나 대답할 수 있을 법한 심오한 질문만 남을 때까지 '그래서 뭐?/왜냐하면' 문답을 반복한다.

나는 우리 회사의 공동 편집 소프트웨어의 출시에 대한 사람들의 관심과 인식을 높이고 싶다.

- 그래서 뭐?

왜냐하면 우리의 새 문서 편집기는 기계 다루는 데 소질이 없는 사람들도 자료를 덮어 쓰거나 이전 버전을 날리는 실수 없이 원거리의 동료와 손쉽게 공동 작업을 할 수 있는 세 가지 기능을 제공하니까.

- 그래서 뭐?

왜냐하면 가상의 팀원들이 공동으로 진행하는 프로젝트는 대개 많은 문제와 고통이 따르는 힘든 작업이니까.

- 그래서 뭐?

왜냐하면 고통은… 아프고, 힘든 건… 싫으니까.

이 정도면 알 것이다.

다음에는 재구성한 아이디어를 다음과 같이 명확한 메시지로 표현해 본다.

"우리의 새 문서편집기는 기계 다루는 데 소질이 없는 사람도 자료를 덮어 쓰거나 이전 버전을 날리는 실수 없이 원거리의 동료와 손쉽게 공동 작업을 할 수 있는 세 가지 기능을 제공합니다. 이제 당신은 노력을 낭비하지 않고 작업을 신속히 마칠 수 있습니다."

다음에는 이 글을 페이지 맨 위에 붙여 넣는다. 당신의 목표가 무엇이었는지 늘 되새기기 위해서다.

3. 데이터와 구체적인 사례를 찾아낸다. 당신의 핵심 아이디어를 뒷받침할 믿을 만한 근거 자료가 있는가? 인용할 만한 사례나 데이터, 실화, 관련 에피소드, 시의적절한 뉴스, 참신한 이야기가 있는가?

자신의 경험을 배제할 이유는 없지만 순전히 경험담에만 의존해서는 안 된다. 관련 경험이 있다면 하나의 근거로 활용해 보자. 포인터 연구소의 글쓰기 교육 칼럼니스트 칩 스탠런에 따르면 '개인적인 이야기일수록 보편적인 이야기'이다. 그래서 이 방법이 잘 통하는 것이다.

스탠런은 이렇게 지적한다.

"자기 자신을 배경 자료의 출처이자 글쓰기 소재로 활용하는 작가는 독자와 폭넓게 교감할 수 있습니다. 자기 자신에게 물어보세요. 나는 이 이야기를 어떻게 생각하는가? 나는 이 이야기에 대해 무엇을 알고 있는가?"

물론 쓰고자 하는 주제에 대해 나름대로 연구할 필요도 있겠지만 뛰어난 작가들은 자기가 가진 밑천부터 먼저 활용한다.

우리의 경우 이런 질문을 생각해 볼 수 있다. 이 문제를 수치로 표현한 연구가 있는가? 실패나 성공 경험이 있는 회사는 없는가? 관계자나 관련 기관을 접촉하여 경험담이나 조언을 직접 들을 수는 없을까? 내가 직접 경험한 사건은 무엇인가?

4. 구성하기. 글을 어떻게 구성해야 논점을 효과적으로 전달할 수 있을까? 목록 형식, 안내서 형식, 고객이 진술하는 방식 등으로 구성할 수 있다. 스토리의 유형에 가장 적합한 구조나 흐름을 선택한다.

5. 한 사람을 상대로 글쓰기. 이 글로 도움을 줄 수 있는 사람을 단한 명만 떠올린 다음 그 사람을 상대로 글을 쓴다('사람들'이나 '그들'이 아닌 '당신'이라는 표현을 쓴다).

예화나 사례를 통해 독자를 해당 주제로 끌어들인다(이번에도 이 문제가 독자에게 어떤 의미가 있을지 생각해 본다). 독자 역시 관련 이슈를 인식하고 관심을 갖기 바란다면 독자를 직접 이야기에 포함시킨다.

6. 엉성하게나마 초안을 작성해 본다. 엉성한 초안은 당신이 처음으로 모습을 드러내고 할 말을 쏟아낼 수 있는 기회다. 아무도 읽지 않을 것처럼 정말 아무렇게나 써 보자. 스티븐 킹은 이것을 '문을 걸어 잠그고 쓰는 글'이라고 부른다. 문법 따위는 무시해도 좋고 완전한 문장은커녕 누구도 알아보지 못할 수준이라도 괜찮다. 맞춤법이나 문법도 접어 두자. 모두 나중에 해결하면 된다. 지금은 초안을 써내려 가는 데에만 집중하자. 어떤 블로거들은 엉성한 초안 단계에서 글쓰기 과정을 끝내 버린다. 자신의 글과 독자를 모두 소중히 여기

는 작가라면 그렇게 해서는 안 된다.

7. 내버려 두기. 진짜로 오래 방치하라는 얘기는 아니고, 초안을 수정하기 전에 어느 정도 시간적 거리를 두라는 뜻이다. 어느 정도의 거리일지는 당신에게 달렸다. 나는 대체로 눈뜨고 봐 줄 수 없을 정도의 엉성한 초안과 하루 정도 떨어져 지낸다. 그 정도 시간이면 생각이 성숙하고 무르익기에 충분하다. 이제는 글을 매만져 어디 내놓을 만한 모습으로 바꿔야겠다는 마음의 준비도 갖추게 된다.

하지만 보통은 숙성 기간을 오래 가질 여유가 없다. 최근의 현안과 관계된 글이라면 더욱 그렇다. 그러니 상황에 따라 적절한 시간을 두되, 적어도 커피 한 잔이나 파이 한 조각을 손에 들고 건물 밖으로 나갈 여유 정도는 가져 보자.

8. 고쳐 쓰기. 엉망진창인 초안을 독자들이 읽고 싶어 할 만한 글로 탈바꿈시키는 과정이다. 머릿속에서 독자와 입장을 바꾸어 생각해 본다.

9. 멋들어진 제목 붙이기. 매력적인 제목을 붙이는 요령은 Rule 66을 참조한다.

10. 마지막으로 가독성을 한 번 더 점검한다. 당신이 쓴 글은 독자의 흥미를 자극하고 술술 읽히는 글인가? 문단은 짤막하고 소제목은 눈에 띄게 표시돼 있는가? 목록에는 숫자나 항목 표시가 되어 있는가? 문장이 큰 덩어리로 모여 있으면 내용을 쉽게 전달하기 어렵고, 역동적이고 경쾌한 느낌을 줄 수 없다. 뚱뚱한 문단을 보면 글을 읽고 싶은 의욕이 싹 사라지고 만다.

11. 발행하기. 하지만 그 전에 독자들이 품을 법한 의문점 한 가지에 대답을 해야 한다. '이제 어쩌란 말이지?' 음악이 끝난 후에도 독자들이 댄스 플로어 한가운데에 멋쩍게 서 있도록 내버려 둬서는 안된다. 당신은 이제 독자들이 어떤 행동을 하길 바라는가?

- 다른 자료를 확인?
- 뉴스레터를 받기 위해 사이트에 가입?
- 이벤트 참여나 무료 체험을 위해 등록?
- 제품 구매?

위에 소개한 글쓰기 과정은 권고 사항일 뿐이다. 잘 생각해 보고 원하는 대로 순서를 조정해도 된다. 초안을 먼저 두서없이 쏟아놓은 다음(6단계), 논리적인 순서로 구성(4단계)하는 방법을 선택해도 괜찮다. 그것은 전적으로 당신 뜻에 달렸다. 기억하겠지만 글쓰기에 한 가지 방법만 있는 건 아니다. (그래도 순서를 완전히 반대로 따르는 것만은 말리고 싶다. 너무 멍청한 방법 아닌가!)

Rule 7

곰곰 생각하면 술술 써진다

〈뉴요커〉의 카툰 편집자 로버트 맨코프에게 잡지를 대표하는 만화를 그려 내는 비결을 묻자 이렇게 대답했다.

"그리는 것보다 생각하는 것이 더 중요해요."

맨코프는 〈뉴요커〉의 블로그에 이렇게 쓴 적도 있다.

"〈뉴요커〉에 카툰 기고를 원하는 사람들은 카툰 편집자인 내게 아이디어를 어디서 얻느냐는 질문을 많이 한다. 하지만 비결 같은 건 정말 없다. 그냥 생각해 내는 것이다."

맨코프의 '생각 후 그리기' 공식은 아이디어를 짜내 독자를 위해 재구성하는 단계인 글쓰기의 첫 번째와 두 번째 과정에도 쉽게 적용할 수 있다.

단순하기 이를 데 없는 맨코프의 답변에는 카툰은 물론 모든 종류의 콘텐츠에 대한 근본적인 진실이 담겨 있다. 즉 하고 싶은 이야기에 대해 더 깊이 생각하고 구상할수록 더 쉽게 표현할 수 있다는 것이다.

어떻게 말할 것인가를 고민하기 전에 무엇을 말할 것인가를 정하는 것이 당연한 수순이다. 하지만 그 순서를 대수롭지 않게 여기는 작가들이 있다. 그들은 아무런 준비없이 물속으로 곧장 뛰어 들어가 파도를 첨벙첨벙 헤치고 나아가다가 이내 깊은 물에 빠져 허우적대면서 어쩌다 이 지경이 됐는지 모르겠다며 한탄한다.

진짜 고민스러울 때는 글이 아닌 생각이 막힐 때이다. 이야기를 제대로 만들지 못했다는 뜻이다. 그럴 때는 조사를 좀 더 자세히 하거나 줄거리를 다듬어야 한다. 이야기는 확실히 구상했더라도 정신이 몽롱하거나, 잠이 쏟아지거나, 짜증이 난다면 당장 글에서 손을 떼고 낮잠을 청하거나, 샤워를 하거나, 다이어트 콜라를 마시거나, 산책을 하는 것이 낫다. 흐리멍덩한 정신으로 다섯 시간을 쓰느니 맑은 정신으로 한 시간을 쓰는 게 훨씬 효율적이기 때문이다.

결국 글쓰기를 시작하기 전에 자신이 쓰려는 콘텐츠의 목적과 사명, 의도부터 확실히 인식해야 한다. 이 글을 통해 성취하려는 목표는 무엇인가? 정확히 어떤 정보를 전달하려 하는가? 독자는 왜 이 글에 관심을 가져야 하는가?

나를 포함한 일부 작가들은 글을 쓰면서 자신의 생각이 무엇인지 이해하기도 한다. 글쓰기를 하는 동시에 생각을 발전시킬 수 있다는 뜻이다. 물속에 무릎을 담그기 전까지는 어떤 말을 하고 싶은지 정확하게 감이 오지 않을 때가 있다. 이 경우는 생각 후 그리기 전략과 반대지만, 완전히 구체화되지 않은 대략적인 내용만 머릿속에 담아둔 채 글을 쓰기 시작하면 쓰는 도중에 생각이 정리되기도 한다. 그러나 글의 요점이나 방향, 독자와의 관련성 정도는 대략이라도 인식하고 있어야 한다.

글이 잘 풀리지 않는 건 글의 요점이 무엇이며 그 요점을 부각시키는 지지논거는 무엇이 될지 충분히 생각해 보지 않은 탓이다. 머릿속 생각을 일단 끄적거려 보면 요점과 논거를 찾는 데 도움이 될 것이다.

'생각 후 그리기'는 세 가지 질문을 통해 콘텐츠의 요점을 찾는 것을 의미한다.

◆ 나는 이 콘텐츠를 **왜 만드는가**? 내 목적은 무엇인가?

◆ 주제나 쟁점과 관련하여 내가 전달하고자 하는 핵심 **메시지는 무엇인가**? 나의 입장은 어떠한가?

◆ 마지막으로, 가장 중요한 '그래서 뭐?/왜냐하면' 문답을 해본다. 이 글은 고객에게 **어떤 의미가 있는가**?

때로는 요점이 바로 헤드라인이 된다. 나는 집필 단계에서 더 좋은 헤드라인이 떠오르기도 한다. 어쨌든 '생각 후 그리기' 연습은 요점을 찾는 데 매우 유용하다.

이 방법은 블로그 포스트나 프레젠테이션 자료, 책을 쓸 때도 적용할 수 있다. 책처럼 분량이 많은 콘텐츠에는 뒷받침하는 논거도 훨씬 많겠지만 여전히 요점은 한 문장으로 나타낼 수 있어야 한다. 이 글을 쓰는 지금, 원고 가장 윗부분에 적혀 있는 안내 문장은 다음과 같다. "깊이 있는 콘텐츠 창작을 위한 비즈니스 핸드북. 요즘은 누구나 작가가 될 수 있는 시대니까." 썩 훌륭한 문장은 아니지만 이 정도면 괜찮다.

셰익스피어는 아마 양피지 맨 위에 이런 문장을 써 놓고 《햄릿》을 시작했을 것이다. "불안과 우울증에 시달리던 덴마크 왕자가 결국 미쳐서, 그의 아버지를 죽이고 어머니와 결혼한 음흉한 삼촌을 비롯해 여러 사람을 죽인다."

아니면 말고. 셰익스피어가 그랬다고 상상하니 정말 재미있다.

Rule 8

구성하기,
이것만 따라하면 된다

훌륭한 글은 수학처럼 논리와 구조를 지닌다. 명확하고 이해하기 쉬운 글을 써내는 까다로운 임무를 작가가 훌륭하게 완수한다면, 독자는 글에 신뢰를 느끼게 된다. 꼭 정해진 공식을 따라야 하는 것은 아니지만 좋은 글에는 일종의 기하학적 구조가 있다.

한 편의 글을 구성하는 방법이 한 가지만 있는 것은 아니다. 앞에서 밝혔듯이, 앞으로 펼치려는 핵심 주장을 페이지 가장 위에 한 줄로 정리하는 방법이 가장 효과적인 것 같다. 그 다음에는 글의 전체적인 주제를 지지하는 핵심 논지를 열거해 본다. 그런 다음 열거된 아이디어를 한두 문장으로 표현하여 문단을 만든다. 마지막으로 문단의 배열 순서를 바꾸고 문단 사이를 매끄럽게 이어 주는 말을 넣는다.

즉, 나는 목록을 작성하는 방식을 선호한다. 목록 작성하기가 글쓰기보다 덜 부담스럽기 때문이다. 사야 할 물품 목록을 작성할 때 어디서부터 시작해야 할지 몰라 난감해하는 사람은 없을 것이다.

이 절차는 사람마다 다를 수 있다. 목록이 아니라 마인드맵이나 순서도, 메모지, 접착식 노트, 펜과 종이, 화이트보드와 매직 등을 이용할 수도 있다.

시카고에서 활동 중인 마케터 앤디 크레스토디나는 글의 개요를 작성한 다음 요점을 표제로 쓴다. 그런 다음 마치 빈칸 채우기 문제를 풀듯이 개요에 살을 붙인다. 앤디에게 훌륭한 글은 '쓰는' 것이 아니라 '조립'하는 것이다.

크리에이티브 디렉터인 더그 케슬러는 나와의 인터뷰에서 이렇게 말했다.

"저는 항상 개요를 작성하는 편이에요. 그냥 종이에 낙서하는 수준이라 해도요. 그러면 이야기의 흐름과 진행 방향을 정하는 데 도움이 되고, 내가 어느 방향으로 가고 있는지 항상 점검할 수 있거든요."

어떤 구성 방식을 선택하든 관계없다. 우왕좌왕하지 말고 미리 정해 둔 프레임워크에 따라 구성하는 것이 핵심이다. 작업할 방식을 미리 정해 두면 이정표처럼 다음 단계로 넘어가는 동력을 얻게 되는 셈이다.

그렇다면 블로그 포스트나 기사는 어떻게 구성할 수 있을까? 그 내용이 무엇이든 일단 형태부터 생각해 보자. 다음에는 글을 구성하는 방법 15가지를 소개한다. 보스턴에서 활동 중인 작문 강사 폴 길린이 제공한 자료다. 여기서 그는 '온라인 개인정보보호'라는 주제를 예로 들었다.

블로그 포스트나 기사를 구성하는 법

1. **시험.** 당신의 개인정보보호 지능을 테스트하라.

2. **회의.** 당신은 자신의 개인정보를 더 이상 스스로 관리할 수 없다.

3. **설명하기.** 온라인 개인정보보호 문제에 대해 쉬운 말로 설명한다.

4. **사례 연구.** 개인정보를 훌륭하게 지켜 낸 개인의 사례

5. **반대 의견.** 온라인 개인정보보호 문제는 왜 과장되었는가

6-1. **방법.** 온라인 개인정보를 지키는 다섯 단계

6-2. **쉬운 방법.** 개인정보를 지키는 아주 손쉬운 방법 세 가지

7. **하지 말아야 할 것.** 온라인 프라이버시를 포기하는 다섯 가지 방법

8. **경험담.** 온라인 개인정보보호와 관련하여 내가 직접 겪은 사건

9. **비교.** 몇 가지 개인정보보호 서비스의 비교

10. **Q&A.** 전직 국가안전보장국 요원 에드워드 스노든에게 물어보는 온라인 개인정보보호 관련 질문 다섯 가지

11. **데이터.** 프라이버시 문제는 더욱 심각해지고 있는가? 조사 결과에 따르면 그렇다.

12. **개인의 의견.** 온라인 개인정보보호의 실태에 대한 전문가 의견

13-1. **모순어법.** 온라인 개인정보보호라는 말은 왜 모순일 수밖에 없는가?

13-2. **버즈피드 스타일의 유머어법.** (권하고 싶은 방법은 아니지만 웃기고 싶을 때 좋다!)

14. **내부 기밀.** 당신의 온라인 개인정보보호에 대해 알아야 할 한 가지 사실

15. **문학적 표현.** 온라인 개인정보보호에 대해 한 문장, 서사시, 만화, 그 밖의 기발한 형식으로 표현한다.

※ 출처: 폴 길린, "사람들이 읽어야 하는 글을 써라: #소셜네트워크에 글 쓰는 법", 마케팅프로스트 디지털 마케팅 월드에서의 발표 자료, 2013년 12월 13일.

Rule 9

엉성한 초안 쓰기

이제 무엇을 어떻게 써야 할지는 대충 감을 잡았을 테니 일단 글을 써 보자. 앞에서 말한 엉성한 초안을 만들어 보자는 뜻이다.

초안은 수준 이하의 글을 써내도 된다는 면죄부가 아니다. 오히려 수준 높은 글을 완성하기 위해 반드시 거쳐야 할 과정이다.

글쓰기 울렁증은 보통 첫판에 너무 많은 것을 바라는 데서 생긴다. 백지에 글자를 흩뿌려 놓고서 완벽한 글이 나타나기를 기대하는 것은 너무 비현실적이다.

우리가 훌륭한 작가라고 생각하는 사람들의 초안도 알고 보면 눈 뜨고 봐주기 어려울 때가 많다. 하지만 그들의 비밀은 따로 있다. 그들은 자신의 글을 기막히게 편집하는 사람들이다.

결국 엉성한 초안 작성은 글쓰기에 반드시 필요한 과정이다. 꼴사나운 글을 쓰기란 여간 고통스럽지 않고 흥도 나지 않지만 적어도 뭔가를 써야 한다. 머릿속에 마구 뒤얽힌 생각을 끄집어내 화면이나 종이에 옮기는 것이다. 나중에 다시 읽으면서 좀 더 괜찮은 글로 바꾸면 된다.

훌륭한 글, 또는 훌륭하지는 않더라도 그럭저럭 괜찮은 글은 고쳐 쓰기를 통해 탄생한다. 그 말은 일단 고쳐 써야 한다는 뜻이다.

글쓰기 강사 돈 머레이는 이렇게 말했다. "초안은 반드시 고쳐야 하지만 일단 초안을 쓰는 게 우선이겠죠."

다음 과정을 머릿속에 담아 두자.

1. 초안 토해내기. 하고 싶은 말이 무엇인지 생각해 본 다음(쓰기 전에 생각하라!) 페이지 맨 위에 길잡이가 될 주요 어구나 문장을 쓴다.

핵심 아이디어가 떠오를 때마다 적어 둔다. 아이디어의 배치 순서는 신경 쓰지 않아도 된다.

완전한 문장을 써야 한다는 부담은 갖지 않는다. (논리에도 신경 쓰지 말자!) 단어가 적절하지 못한 것은 아닌가 하는 걱정도 버린다. 맞춤법, 문법, 표현, 주술 호응이 엉망일지라도 신경 쓰지 말자. 모두 나중에 고칠 수 있으니까. 여기서는 진짜 글을 쓴다기보다 아이디어를 풀어 놓는 것이 중요하다.

그러다 생각이 막히면 이유가 무엇인지 생각해 보자. 조사가 더 필요한가? 아니면 사례나 논점이 부족한가?

이 단계에서는 훌륭한 예를 들어야 한다거나, 연구와 통계 자료를 추가해야 한다거나, 논점을 뒷받침할 이런저런 근거를 대야 한다거나, 흥미로운 에피소드를 넣어야 한다는 부담을 가질 필요가 없다.

이렇게 끄적인 내용을 다시 읽어 보고 그 밖에 또 할 말이 없는지, 뼈대만 갖춘 엉성한 초안에 어떻게 살을 붙일 수 있을지 생각해 본다.

자학은 금물이다. '나는 진짜 글쓰기 바보인가 봐.' '이건 끔찍한 쓰레기야.' 이런 생각으로 자신을 괴롭히지 말자. 초안을 볼 사람은 당신 혼자뿐이다. 늘어진 추리닝을 입은 채 하루 종일 집 안에서 뒹굴며 땅콩버터를 병째로 들고 먹는 당신의 모습처럼 말이다. 마음 편히 쓰자. 흉볼 사람은 아무도 없다.

2. 내버려 두기. 일단 초안이라도 작성하고 나면 마음이 조금 놓일 수도 있지만 한편으로는 초안이 너무 형편없다는 생각에 좌절할 수도 있다. 이럴 때는 초안과 잠시 이별해야 한다. 초안과 조금 거리를 두고 냉각기를 갖는다. 개를 데리고 산책을 나가든, 친구를 만나서 함께 점심을 먹든, 얼마간의 시간적 거리를 둘 수 있다면 무엇이든 상관없다. 다시 돌아올 무렵에는 충분히 기분 전환도 되었을 것이고 불안한 마음도 누그러져 있을 것이다.

Rule 6에서도 밝혔듯이 나는 엉성한 초안과의 사이에 거리를 많이 둔다. 다음 날이 될 때까지 초안에는 눈길도 안 주려고 애쓰는 편이다.

3. 고쳐쓰기. 당신이 쓴 초안을 다시 읽다가 기겁할지도 모른다. 눈을 가리고 싶은 심정일 것이다. 하지만 그 중에는 새롭게 재가공할 만한 내용도 있을 것이다. 초안에서 괜찮은 부분만 골라 최종 작품에 활용하면 된다. 그 구체적인 방법은 뒤에서 소개한다.

Rule 10

독자와 입장을 바꿔 본다

"칭찬할 거리를 찾으려고 페이지를 넘기는 독자는 없습니다."

오랜 세월 사람들에게 글쓰기를 가르쳐 온 돈 머레이의 말이다.

훌륭한 글은 작가가 아닌 독자를 섬긴다. 글은 자기만족 수단이 아니다. 독자가 글을 읽으면서 어떤 의문을 가질지 예측하여 미리 대답해 주는 것이 좋은 글이다.

처음부터 이런 마음가짐으로 글을 시작하는 작가들도 있다. 하지만 이런 태도는 일단 머릿속에서 페이지 위로 초안을 옮겨 놓은 후 고쳐쓰기나 편집을 하는 단계에서 더욱 유용하다.

독자와 입장을 바꾸어 보자. 자기가 쓴 글을 비판적으로 바라보자. 자신의 머릿속에서 나와 독자나 고객의 머릿속으로 들어가자. 독자가 어떤 경험을 하게 될지 공감하려 애쓰면서 독자의 관점에서 자신의 글을 냉정하고 집요하게 비판해 보자.

조지 오웰은 《정치와 영어 *Politics and the English Language*》라는 에세이에서 이렇게 강조했다.

"신중한 작가는 한 문장 한 문장을 쓸 때마다 적어도 다음 네 가지 문제를 생각한다. 나는 무슨 말을 할 생각인가? 그것을 어떤 단어로 표현할 것인가? 어떤 이미지나 표현을 쓰면 뜻이 더 명확해질까? 이 이미지는 원하는 효과를 낼 만큼 참신한가?

그런 다음 스스로에게 두 가지 질문을 더 던져 보자. 좀 더 짧게 줄일 수는 없을까? 거슬리는 부분을 고칠 방법은 없을까?"

글쓰기의 영역에서 독자를 섬긴다는 것은 훌륭한 콘텐츠 마케팅이 고객(또는 사용자)을 섬긴다는 개념과 다르지 않다.

하지만 글쓰기에서나 비즈니스에서나 우리는 자기 입장을 우선시한다. 작가 중에도 글은 자기 이야기를 늘어놓는 것이라 착각하는 사람들이 있다. 특히 여러 사람의 검토를 거쳐야 하거나 직급이 층층이 존재하는 조직일수록 독자의 이익보다 다른 이해관계를 중시하는 경향이 강하다. 직속상관, CEO, 이사회, 법무팀을 줄줄이 거치는 동안 필자의 처음 의도는 변질되고 만다.

물론 그것은 바람직하지 않다. 마케터나 콘텐츠 창작자인 당신은 고객의 편이 되어야 한다. 당신의 콘텐츠가 만족시켜야 할 대상은 고객이 전부다. 결국에는 상사나 CEO, 클라이언트가 아닌 고객에게 어필하는 것을 목표로 삼아야 한다.

왜일까? 당신이 만든 콘텐츠가 고객을 만족시키면 상사와 클라이언트도 만족할 것이다. 그러나 오로지 상사만 좋아하는 콘텐츠로는 조직이 원하는 목표를 달성할 수 없다.

그러니 모든 콘텐츠는 상사(당신이 대행사 소속이라면 클라이언트)가 아니라 고객이나 잠재 고객을 만족시킬 수 있게 만들어야 한다. 만약 고객이 당신에게 월급을 준다면 콘텐츠가 어떤 모습을 띠어야 할지 생각해 보자.

무조건, 절대적으로, 반드시 독자에게 초점을 맞추자.

평소처럼 초안을 쓰고 고쳐쓰기를 한 다음, 독자와 입장을 바꿔 그들의 관점에서 글을 검토한다. 이때 그들에게 전하려는 경험에 진실하게 공감하려 노력하고, 다음 문제에 대해서도 생각해 본다.

◆ 이 글은 독자에게 어떤 경험을 제공하는가?
◆ 그들은 이 글을 읽고 어떤 의문을 가질까?
◆ 그들은 내가 하려는 말을 쉽게 이해할 수 있을까?

Rule 11

고쳐쓰기는 즐겁다

<u>고쳐쓰기는 즐거운 작업이다.</u> 그러니 가장 적절한 비유와
명확한 구성으로 훌륭한 글을 완성하자. 끝.

군이 별도의 규칙을 만들어 이 말을 강조하는 이유는 이미 한 일
을 고쳐서 하는 것이 우리와 침팬지의 차이점이기 때문이다.

자신의 뜻과 기분을 독자보다 우선시하는 자기애에 빠진 작가가
되어서는 안 된다. 독자의 입장에서 고쳐 쓰고 고쳐 쓰고 또 고쳐 써
서 가장 친절한 글을 완성하자.

Rule 12
훈련으로 공감 능력을 개발한다

어떤 사람은 공감 능력을 타고난다. 그들은 다른 사람의 생각을 쉽게 이해하고 특정 상황에 처한 사람이 어떤 감정을 느낄지 금방 알아챈다. 당신이 그런 능력을 갖추었다면 축복받은 것이다. 이미 남들보다 유리한 조건에 있다는 뜻이니까. 하지만 그런 능력이 없는 사람은 고객의 마음속에 파고들기 위해 한층 더 열심히 노력해야 한다.

페이스북의 콘텐츠 전략가 조너선 콜먼의 말이다.

"좋은 글을 써서 독자에게 좋은 경험을 제공하려면 독자와 그들의 입장, 요구, 목표를 이해하고 그들에게 공감해야 합니다. 이 모든 인간적 요소가 완벽하게 조화를 이룰 때 독자에게 최고의 콘텐츠 경험을 선사할 수 있습니다."

다시 말해 당신이 만드는 모든 콘텐츠에는 고객의 경험에 공감하려는 노력이 담겨야 한다. 자신의 글을 읽는 사람들을 이해하고 그들의 관심거리가 무엇인지 고민하면 글쓰기 실력은 향상된다. 단순히 검색 순위를 높이기 위해 만든 콘텐츠는 시간과 노력의 낭비일 뿐이다. 고객의 문제를 해결해 주고, 짐을 덜어 주고, 고통을 해소해 주고, 삶의 질을 높여 줄 콘텐츠를 만들어야 한다.

그 말은 열린 마음으로 사람들을 직접 찾아가서 만나야 하며, 그들이 고민하는 문제의 답을 찾도록 도와주어야 한다는 뜻이다.

콜먼은 또 이렇게 말했다.

"제품 소개, 랜딩페이지, 고객 지원, 회사 소개 등 모든 콘텐츠는 사람들의 요구와 목표에 도움이 되는 내용을 담아야 합니다. 고객이 우리에게 바라는 것이 무엇일지 깊이 고민하여 글을 써야 한다는 뜻이죠. 우리 제품의 기능을 알고 싶어 하는 사람에게는 '엘비스를 닮은 14마리의 고양이' 따위의 리스티클은 전혀 통하지 않을 겁니다."

그렇다면 사람들에게 필요한 것이 무엇인지 어떻게 알 수 있을까? 그것을 알려면 엄청난 공감 능력이 필요하다. 무엇보다 고객에 대해 알려는 노력부터 시작해야 한다.

이에 대해 콜먼은 다음과 같이 조언한다.

"상대가 어떤 사람인지 잘 모르면 그들의 경험에 공감하기 어렵습니다. 단지 웹 분석 데이터, 검색어, 스프레드시트의 집합이 보여 주는 고객 집단이 아니라, 진짜 고객을 알아야 합니다. 그들에게 실제로 말을 거는 것이죠. 그들의 이야기를 들어 보면 더 좋고요. 하지만 일회성 조치로 그쳐서는 안 되고 지속적인 관계를 형성해야 합니다."

공감 능력도 글쓰기 실력처럼 타고나는 재능이 아니라 훈련이다.

깊은 공감 능력을 개발하고 글쓰기에 반영하려면 피나는 노력이 필요한 것이다.

조너선 콜먼이 제안하는 **공감 능력 개발의 첫 단계**를 소개한다.

1. 고객과 함께 시간을 보낸다. 이건 당연한 일 아닌가? 하지만 의외로 고객과 직접 소통하는 마케터는 매우 드물다. 고객을 직접 만나는 부서는 기껏해야 고객서비스팀이나 영업팀 정도다. 고객이 어떤 문의를 하는지 귀를 기울이자. 고객의 행동을 관찰하고, 그들에게 어떤 문제가 있는지 살피자. 유형을 찾아보자.

2. 고객의 생활환경을 이해한다. 인공적으로 조성된 환경에 관심 집단을 모아놓거나 실험실에서 사용자 경험 테스트를 하기보다는 실생활 속에서 당신의 콘텐츠나 제품을 사용하는 사람들을 만나 보자. 고객의 가정과 직장을 방문해 이야기를 나누고, 커피숍에서 줄서서 기다리는 동안 스마트폰에서 당신의 사이트를 검색하거나 당신의 앱을 사용하는 사람들을 관찰해 보자. 그렇게 하면 사람들이 당신과 당신의 콘텐츠에 바라는 것이 무엇인지에 대해 새로운 사실을 깨달을 수 있다. 고객의 생활환경을 고려하지 않고는 그들과 공감할 수 없다.

3. 매사에 의문을 가진다. '왜?'라는 질문에는 큰 힘이 숨어 있다. 그들은 왜 그렇게 행동하는가? 왜 그렇게 느끼는가?

4. 고객에게 그런 행동을 하는 이유를 물어본다. 당신의 독자나 당신의 제품을 사용하는 소비자들의 행동만 보고 그런 행동을 하는 이

유까지 안다고 단정하지 말아야 한다. 분석 시스템으로 사람들이 당신의 사이트나 앱을 어떻게 이용하는지 쉽게 측정할 수 있겠지만, 분석 결과는 사람들이 어떤 행동을 했는지 알려 줄 뿐 왜 그런 행동을 했는지는 말해 주지 않는다. 그러니 직접 질문하자. 사람들이 소중히 여기는 것, 당신에게서 바라는 것이 무엇인지 전반적으로 이해할 수 있을 때까지 계속 질문을 던져야 한다.

5. 통계 자료가 아닌 이야기를 공유한다. 사이트에 동시에 접속한 사용자의 수, 앱의 데이터 처리량, 시간당 거래 건수 등 통계 데이터가 가득한 대시보드와 모니터를 사무실 곳곳에 설치해 놓은 회사는 많다.

그렇다면 당신의 사이트나 제품에 대한 사람들의 피드백은 어떨까? 그런 자료도 얼마든지 게시할 수 있다. 이 피드백(고객의 감정, 지속 시간, 시간 당 불만사항 발생 건수)을 분석해 종합적인 통계를 낼 수도 있겠지만, 고객의 실제 의견을 게시하면 훨씬 큰 효과를 볼 수 있다. 고객의 의견을 반영해 신속한 문제 해결 절차를 마련한다면 고객에 대한 공감을 행동으로 옮기는 것이 된다.

6. 고객 중심의 시점을 사용한다. '나'나 '우리' 대신 '당신'을 써서 고객 중심의 관점으로 바꾼다. 이 관점에 따라 글쓰기(또는 고쳐쓰기)를 한다. 다음 예를 살펴보자.

-회사 중심: 우리 회사는 애플리케이션의 개발 속도를 훨씬 앞당겼습니다.

-고객 중심: 점심시간에 앱을 클라우드에 배치하세요. 그래도 식사 시간이 남습니다. (킨비닷컴 홈페이지 Kinvey.com)

-회사 중심: 우리는 세계적 수준의 B2B 연구 자문 회사입니다. 우리는 행동으로 연결되는 지식과 전략·운영 체계를 보유하고 있습니다. 경험이 풍부한 전문가가 직접 도움을 드립니다. (시리어스 디시전 홈페이지 www.siriusdecisions.com)

-고객 중심: 실행할 수 있는 풍부한 직관과 다년간의 경험을 적극 활용하여 성공적인 사업 전략을 세워 보세요.

고객에게 무엇을 제공하는지, 어떤 가치를 전달하는지 매우 구체적으로 밝혀야 하는 판매 광고 카피나 마케팅 홈페이지에서는 깊은 공감 능력이 특히 중요하다. 온라인 요리학교 피스트의 공동 소유주인 나디아 에그발은 인터뷰에서 내게 이런 말을 했다.

"고객은 당신의 회사에 호의를 베풀려고 제품을 구입하는 것이 아닙니다. 당신의 제품으로 삶의 질을 높이기 위해서죠. 그러니 물건을 팔고 싶으면 그들을 어떻게 도울 수 있는지 설명해야 합니다."

피스트의 홈페이지는 다음과 같이 회사 중심에서 고객 중심으로 관점을 전환했다.

-회사 중심: 요리를 배우는 더 좋은 방법. (나디아에 따르면 이 표현은 구체성이 너무 떨어진다고 한다. 뭐가 더 좋다는 건지? 누구 생각에 더 좋다는 건지?)

-고객 중심: 30일 후에는 당신도 요리사

나디아는 메시지를 바꾼 덕분에 피스트의 매출이 10배나 뛰었다고 믿는다. 그녀는 이와 관련한 훈훈한 에피소드도 들려주었다(조녀선 콜먼의 조언대로 실제 피드백을 인용했다). "우리는 이런 내용의 e메일을 자주 받아요. '홈페이지의 모든 글이 꼭 제 얘기 같아요!' 우리가 고객과 제대로 소통하고 있다는 뜻이죠."

결국 독자가 글을 계속 읽게 하려면 당신이 아닌 그들에 대해 말하는 것이 최선이다.

Rule 13

틀린 단어 지우기

마크 트웨인은 이렇게 말했다.

"글쓰기는 정말 쉽다. 틀린 단어만 지우면 되니까."

초안을 수정하고 고쳐 쓰는 작업이 그다지 재밌어 보이지는 않는다. 통조림을 알파벳순으로 진열하는 것만큼이나 힘들고 따분한 일 같다.

하지만 사실은 그렇지 않다. 재량을 발휘할 여지가 많기 때문이다. 단어를 늘어놓는 고통스런 작업은 이미 끝났다. 이 단계에서는 핵심적인 단어만 남기거나, 틀린 단어와 불필요한 단어를 지우고 적합한 단어를 찾는 등 그보다 훨씬 쉽고 가뿐한 일을 하는 것이다.

나는 글쓰기 과정에서 고쳐쓰기를 할 때가 가장 즐겁다. 가장 창의적이고 재미있는 단계이기 때문이다. 초안 작성은 쇠공이 매달린 쇠사슬을 끌고 다니는 것처럼 힘든 작업이지만, 그에 비해 편집은 훨씬 즐겁게 할 수 있는 일이다.

셀프 편집에는 두 가지 방법이 있다.

1. 발전적 편집. 전기톱으로 하는 편집이라 할 수 있다. 큰 그림을 보는 과정이다.

2. 윤문 편집. 수술 도구로 하는 편집이다. 단락과 문장의 흐름, 단어 선택과 사용 등을 본다.

나는 두 가지 방법을 모두 적용한다. 첫 번째 방법을 먼저 쓴 다음, 두 번째 방법을 쓴다.

전기톱으로 편집하기. 일단 문법과 단어는 무시하고 큰 흐름을 살핀다.

◆ 첫 부분에 핵심 주제를 최대한 명확히 밝힌다. 본론으로 곧장 들어가지 않고 서두를 너무 장황하게 쓰면 아이디어를 매끄럽게 전개하기 어렵다(Rule 15 참고). 이런 경우에는 도입부를 없애거나 줄인다. 버리기 아까운 내용이라면 다른 부분에 붙인다.

◆ 요점을 지지하거나 주장을 전개하는 데 도움이 되지 못하고 핵심에서 멀어지게 하는 내용은 과감하게 없앤다. 아무리 흥미로운 이야기나 에피소드라 해도 마찬가지다.

◆ 모든 단락이 제 역할을 해야 한다. 각 단락에는 앞뒤 단락에 없는 아이디어가 담겨 있는가? 반드시 그래야 한다. 따로 노는 문장들을 엉성하게 짜깁기한 괴물 같은 문장은 아닌가? 그래서는 곤란

하다. 모든 문장은 하나의 아이디어가 통일성 있게 전개되어야 한다.

◆ 모든 문장이 제 구실을 해야 한다. 각 문장은 독특한 의미를 지니는가? 아니면 다른 문장이 이미 한 말을 반복하고 있는가? 만약 그렇다면 가차 없이 제거하자. 지나침은 모자람만 못하다는 사실을 항상 유념하자. 어떤 작가들의 글은 핵심에 이르기까지 너무 오래 걸린다. 그들처럼 수다스런 사람이 되지 말자. 글은 간결하게 써야 한다.

◆ 순서를 조정한다. 문장의 순서가 적절한가? 논지가 자연스럽게 연결되는가?

◆ 한 단락 내의 문장들은 다정한 노부부가 나누는 대화 같아야 한다. 그들은 서로에게 자기 할 말만 하지 않는다. 상대방이 앞서 한 말을 부연하거나 설명한다.

수술도구로 편집하기. 이번에는 전기톱을 끄고 단어 하나하나를 살핀다.

◆ 부기와 군살을 뺀다. 당신은 ~~더욱~~ 간결하게 할 수 있는 말을 ~~너무~~ 지나치게 많은 단어로 표현하고 있지 않은가?

◆ 뻔한 말은 없앤다. '이 기사에서', '이 포스트에서', '…에 관하여', '내 생각에는', '우리의 의견으로 말할 것 같으면' 등의 말은 쓸 필요가 없다.

◆ 인터넷 신조어, 명사나 형용사에 접미사를 붙여 만든 단어, 진부한 표현 등은 쓰지 말자.

◆ 단어의 허세를 뺀다. 구절은 하나의 단어로 대체한다. '…에도 불구하고' → '…한데도', '…에 관한 한' → '…은', '…에 대해서라면' → '은', '…에 있어서' → '…의' 등.

◆ 의미를 보충하는 데 꼭 필요하지 않다면 부사는 최대한 뺀다.

◆ 약한 단어 대신 강하고 인상적인 단어를 쓴다.

◆ 문단과 문단 사이를 자연스럽게 연결한다. 문단 사이의 연결이 매끄러우면 독자가 이해하기 쉬운 글이 된다. 좋은 글은 각 단락의 내용이 완결되면서도 자연스럽게 다른 단락으로 연결된다. 학교에서 배운 그러나, 따라서, 그리하여 등의 접속사에만 의존하지 않도록 하자. 앞 문단에서 아이디어를 가져와 다음 문단의 아이디어에 연결하는 방법을 쓴다.

편집에 대해 이렇게 길게 이야기하면서도 문법에 대해서는 한 마디도 언급하지 않았다는 사실을 눈치 챘는지 모르겠다. 문법이 중요하지 않아서가 아니다. 2장에서 이야기하겠지만 문법은 반드시 지켜야 한다. 그러나 편집을 문법을 바로잡는 과정으로만 인식하는 경향은 문제다. 절대 그것이 전부가 아니다. 틀린 문법을 고치는 교열도 중요하지만 그보다는 글 자체를 바로잡는 것이 우선이다. 교열은 그 다음이다.

Rule 14

'사랑하는 엄마에게'로 시작한다

시작부터 말문이 막혀 버린다면 어떻게 해야 할까? 글을 쓰는 사람이라면 누구나 새하얀 종이를 보고 두려움을 느껴 보았을 것이다. 이를 '작가의 장벽'이라고 한다. 글을 쓰기로 작정하고 책상에 앉았지만 머릿속에 장벽이 쳐진 것처럼 도저히 글을 쓸 수 없는 상황을 가리키는 말이다. 이 증상은 시작도 하기 전에 글쓰기를 포기하게 만든다.

나는 작가의 장벽을 믿지 않는다. 집 짓는 사람은 새로운 방식의 집짓기에 겁을 먹는 법이 없다. 콜린 니산은 한 유머 사이트에서 에디슨도 텅 빈 전구를 보고 주눅 들지 않았다고 지적했다.

작가의 장벽, 즉 시작을 겁내는 현상은 어디서부터 시작해야 할지 모르겠다는 두려움과 막막함에서 나온다. 나 역시 미적대는 습관이 있기 때문에 잘 알고 있다.

글쓰기를 시작하기 전에 나는 밀린 청구서를 모두 정산한다. 평소에는 전혀 볼 생각이 없던 영화나 TV 시리즈를 몰아서 시청한다. 차에 엔진오일도 갈아 넣는다. 페이스북을 하며 한두 시간을 보낸다. 커피 메이커의 묵은 때를 청소한다. 저녁 식사로 유난히 복잡하고 까다로운 요리를 만든다. 그런 다음 개를 데리고 산책을 나갔다가 집에 돌아와 비로소 첫 문장으로 쓸 말을 궁리하기 시작한다.

말하자면 나는 작가의 장벽은 믿지 않아도 '작가의 회피'에 대해서는 잘 알고 있다. 글쓰기 전에 다른 일들을 함으로써, 예를 들어 냉장고에 식료품이 얼마나 남아 있는지 확인한다거나, 책상을 깨끗하게 정리한다거나 등등의 일을 하면서 최대한 글쓰기를 미루고 싶은 마음에는 격하게 공감한다. 앞에서 소개한 글쓰기 GPS는 분명 순조로운 시작에 도움이 된다. 그러나 어느 시점에 이르면 무조건 시작을 해야 한다.

미국의 작가 존 맥피는 〈뉴요커〉에 기고한 글에서 백지가 주는 두려움을 없애려면 일단 '사랑하는 엄마에게'라는 말을 타이핑해 보라고 권한다. 아니면 '사랑하는 아빠에게'나 '안녕, 자기', '이봐 친구야'도 괜찮다.

마케팅이나 비즈니스 글쓰기를 할 때는 좋아하는 고객을 떠올리며 같은 방법을 적용하면 된다. 이름도 얼굴도 모르는 쇼핑몰을 떠올려서는 곤란하다. 실제로 잘 아는 실존 인물을 떠올리는 것이 좋다. 물론 도움을 주고 싶다는 마음이 생겨야 할 테니 좋아하는 사람이어야 한다.

맥피의 방법은 일반적인 글쓰기를 할 때도 유용하다. 글을 쓸 때 독자를 개인적으로 알고 지내는 사람으로 그려 보면 자연스럽고 편안한 어조를 형성하는 데 도움이 된다.

즉 글을 쓸 때 구체적인 사람과 대화를 나눈다고 생각하면 대화체에 더욱 가까워진다.

Rule 15

도움닫기를 했다면
발자취를 지운다

작가들은 진짜 하고 싶은 말을 꺼내기까지 심하게 뜸을 들이는 경향이 있다. 배경 설명을 장황하게 하는 것이다. 출발점에서 시작하기 전에 도움닫기를 오래 하는 셈이다.

주제를 꺼내기 전에 준비운동을 하는 것은 좋은 습관이며 나도 글쓰기를 그렇게 시작하는 편이다. 하지만 이럴 때 나는 다시 앞으로 돌아가 글이 요점부터 시작될 수 있도록 도움닫기의 흔적을 모두 지워 버린다.

대학 때 교수님 한 분은 우리가 쓴 에세이에서 처음 한두 개 문단을 완전히 쳐내곤 하셨다. 그렇게 해도 의미에 그다지 영향이 없었고 글의 첫인상은 오히려 훨씬 나아졌다.

당신도 그렇게 해 보자. 당신의 글에서 시작 부분을 줄이거나 아예 빼 버리면 독자들을 글의 핵심으로 더 빨리 안내할 수 있지 않을까?

마케팅프로프스에서 가져온 예를 살펴보자. 유튜브를 비즈니스

마케팅에 활용하는 문제에 대한 최근 글에서 처음 몇 문단을 원문 그대로 소개한다.

웹 2.0의 성공과 소셜미디어의 등장을 바탕으로 여러 기업은 비즈니스 마케팅에서 소셜미디어계의 거물들(페이스북, 트위터 등)을 발판 삼아 존재감을 높이고 있다.

많은 기업들이 흔히 사용되는 몇 가지 소셜네트워크를 활용해 대중에게 효과적으로 접근하고 있지만 유튜브를 대안으로 선택한 기업은 극소수에 불과하다.

우리는 이 사실에 주목할 필요가 있다.

유튜브는 세계 2위의 검색엔진인 동시에, 구글과 페이스북에 이어 방문자수가 세 번째로 많은 웹사이트다. 한 달에 10억 명이 넘는 방문자가 약 60억 시간 분량의 동영상을 시청한다. 좀 더 자세히 알아보자.

첫 문단 전체를 덜어 내도 문맥에 거의 영향을 주지 않을 지경이다. 오히려 글의 핵심에 빠르고 명확하게 다가갈 수 있고 표현도 한층 간결해진다. 같은 글을 다음과 같이 고쳐 보았다.

페이스북이나 트위터 등 소셜네트워크를 활용해 대중에게 쉽게 다가가는 기업은 많지만 유튜브를 마케팅에 활용하는 회사는 일부에 불과하다.

하지만 유튜브는 세계 2위의 검색엔진인 동시에, 구글과 페이스북

에 이어 방문자 수가 세 번째로 많은 웹사이트다. 한 달에 10억 명이
넘는 방문자가 약 60억 시간 분량의 동영상을 시청한다.

　잠시 이 수치에 대해 따져 보자.

　첫 문단을 빼 버리고 당장 본론으로 들어가면 훨씬 더 좋은 글로
고쳐진다.

Rule 16

앞뒤 단어와의 관계를 고려해
단어의 위치를 정한다

부적절한 수식어나 잘못된 어순은 마케터의 글에서 가장 흔히 나타나는 실수다. 작가들이 쓴 글도 별반 다르지 않다. 하지만 이는 가장 바로잡기 쉬운 실수이기도 하다. 부적절한 수식어의 예와 그 수정 과정을 살펴보자(차이튼 수험서에 수록된 연습문제를 발췌했다).

- 원문: 우리는 플레이오프 게임을 보고 돌아와 양키즈가 정말 형편없다고 생각했다.
- 정정한 문장: 플레이오프 게임을 보고 돌아온 우리는 뉴욕 양키즈가 정말 형편없다고 생각했다.
- 더 나은 문장: 우리는 플레이오프 게임에서 뉴욕 양키즈를 보고 정말 형편없다고 생각했다.

게임을 보고 온 것과 양키즈가 형편없다고 생각한 것은 양키즈가 아닌 우리다. 다른 예도 있다.

　- 원문: 오해받을 때가 많지만 학자들은 무정부 상태가 곧 혼란은
아니라는 사실을 잘 안다.
　- 정정한 문장: 오해받을 때가 많지만 무정부 상태가 곧 혼란은
아니라는 사실을 학자들은 잘 안다.

　오해를 받는 대상은 학자가 아닌 '무정부 상태'다(물론 학자들도 오해
받을 때가 많지만 그래서 더더욱 이 수식어를 적절한 위치에 놓아야 한다).
　잘못된 수식어나 어순에 주의를 기울이기 시작하면 그것들을 어
디서나 발견할 수 있다. 가장 틀리기 쉬운 수식어는 '반드시'이다.

홀륭한 콘텐츠를 반드시 발행하라.
반드시 홀륭한 콘텐츠를 발행하라.

　홀륭한 콘텐츠를 (창작과 배포는 하지 말고) 발행만 해야 한다는 얘기
가 아니라, 발행하는 콘텐츠가 모두 홀륭해야 한다는 뜻이다.
　다시 말해 반드시는 '발행하라'가 아닌 '홀륭한 콘텐츠'를 수식
한다. ('반드시'를 동사 바로 앞에 놓을 때는 한 번 더 생각해 보자.)

Rule 17

훌륭한 리드글은
사람들을 불러 모은다

글의 첫 부분과 끝 부분에는 특별히 공을 들여야 한다. 왜일까?

홀륭한 리드글은 글의 분위기를 결정하고, 독자들에게 글에 대해 더 알고 싶다는 궁금증을 일으킨다. **리드글 잘 쓰는 법** 몇 가지를 소개한다.

1. 독자를 이야기 속으로 끌어들인다. 업무적인 문제 때문에 고민하는 사람의 사례를 공유하거나, 독자가 흔히 겪을 만한 상황을 시나리오로 구성한다. 마케팅프로프스의 어니스트 니카스트로가 쓴 글의 첫 문장을 살펴보자. 에이브러햄 링컨의 게티즈버그 연설에서 마케터들이 무엇을 배울 수 있는지에 관해 쓴 글이다.

1시 30분. 청명한 가을 오후다. 태양이 쨍쨍 내리쬐는 하늘은 눈부시게 푸르다. 수많은 군중이 서성이고 있다.

당신이 그곳에 있다고 상상해 보자. 좋은 자리를 차지하려면 몸싸

움을 벌여야 한다. 앞을 보려고 목을 길게 빼고 손을 오므려 귀에 갖다 댄다. 미합중국의 제16대 대통령이 연단 한가운데로 걸어가더니 '몇 마디의 적절한 발언'을 시작한다.

2. 독자와 관계있는 문제를 제시한다. 온라인 미디어 〈스릴리스트〉의 다음 리드글은 독자들이 깊이 공감할 수 있는 상황을 제시한다.

> 당신은 이번 휴가에 해외여행을 떠나 자유를 한껏 누려야겠다고 벼르고 있다. 박물관에 가 볼까? 건축물을 구경할까? 사실 그건 별로 내키지 않는다. 진짜 현지 문화에 흠뻑 취하려면 동네 사람들을 가까이서 만날 수 있는 카페나 시끌벅적한 파티부터 가야 한다는 사실을 알기 때문이다.

3. 질문을 던진다. 업워시는 "벌점 제도로 골머리를 썩던 학교, 결국 학생들에게 도움을 요청하다"라는 글에서 질문을 던지며 시작하는 방법을 사용하고 있다.

> 벌점을 주지 않고도 아이들의 일탈 행동을 막을 수 있는 쉽고 간단한 방법이 있다면? 한 학교에서 기발한 해결책을 찾아냈다.

이 방법은 남용할 경우 식상한 느낌을 줄 수 있으니 너무 쓰지는 말자. 심야 방송의 광고처럼 단조로운 인상을 남기고 싶지 않다면 말이다(…때문에 고민이신가요? 등등의 것들).

4. 엉뚱하거나 논란이 많은 데이터를 인용한다. 리드글에서 독자를 깜짝 놀라게 할 황당한 통계 자료를 언급하면 독자의 긴장과 집중을 유도할 수 있다. 패스트컴퍼니의 다음 글을 보자.

최근 연구에 따르면, 웨어러블 기기를 구입한 미국인의 1/3이 6개월 안에 그 제품을 내다버렸다고 한다. 그런데도 구글, 나이키, 펩시, 디즈니 등 유명 기업에서 웨어러블 기술에 엄청난 돈을 쏟아붓는 이유는 무엇일까?

5. 이야기를 하거나 개인의 일화를 소개한다. 〈뉴요커〉에서 흔히 쓰는 방법이다. 〈뉴요커〉 기자 리처드 브로디가 쓴 기사의 첫 부분을 소개한다.

화가로서의 내 경력은 고질라 때문에 끝장이 났다. 괴수영화 마니아였던 나는 기다리고 기다리던 고질라 시리즈가 매주 토요일 아침 TV에 방영되기 시작하면서 그림 교실을 그만두었다. …… 나는 2004년의 복원판 방영을 놓치고 말았다. 그래서 이번 리메이크 방송은 그때의 아쉬움을 만회하는 반가운 기회였고 역시나 놀라운 경험을 선사했다.

브로디는 '그것이 어떻게, 왜 놀라웠을까?' 하는 강한 호기심과 긴장감을 유발하며 리드를 마무리한다.

6. 그 밖의 아이디어. 그 외에도 여러 가지 방법이 있다. 인용구로 시작하기, 비유 사용하기, 과감한 주장 던지기 등 어떤 방법을 써도 좋지만 제대로 써야 한다. 처음에 나오는 문장 또는 문단이 글 전체에서 가장 중요하기 때문이다.

마무리 문장에는 리드글에 이어 두 번째로 중요한 문장을 배치한다. 힘 빠진 듯 흐지부지 끝내기보다는 행동을 촉구하거나 강렬한 인상을 남기며 대미를 장식한다.

'당신의 생각은 어떤가요?'처럼 독자에게 질문을 던지거나 문제를 제기할 수도 있다. 하지만 너무 식상하고 게으른 방법이다. 대신 다음 방법들을 시도해 보자.

7. 가장 강렬한 교훈을 다시 한 번 제시한다. 물론 단순한 반복이 아니라 체계적인 요약이어야 한다.

나는 앤핸들리닷컴의 한 포스트에서 이 방법을 활용했다. 허니 메이드 그레이엄 크래커가 최근 광고에서 불만 고객에 어떻게 대처했는가를 분석하는 내용이었다.

오늘 마케팅프로프스에 실린 칼라 시코텔리의 글은 소셜미디어 세계에서 불만 고객을 다루는 방법에 대해 조언한다. 나는 그녀의 포스트에서 다음 구절이 가장 인상적이었다. "불만을 처리할 때는 큰 그림을 보면서 대중의 불만이 사업에 어떤 영향을 미칠지 생각해 보자."

8. 어조의 변화로 놀라움을 준다. 매튜 스티브는 이렇게 제안한다. "이야기의 분위기를 바꿔 보세요. 지금껏 사무적으로 말했다면 긴장을 풀고, 앞에서 편하게 이야기했다면 진지한 어조로 바꿔 보세요."

그는 온라인 잡지 〈와이어드〉에서 예를 가져온다. "그것은 USB 포트에서 또렷한 디지털 신호를 가져와 정감 있는 아날로그 음악으로 변환한다. 디자인도 소리만큼 쌈박하다."

9. 마무리는 다른 사람에게 양보한다. 기사나 포스트를 쓰기 위해 누군가를 인터뷰했다면 그 사람의 말을 직접 인용하며 마무리해 보자.

나는 앤핸들리닷컴에 토론토 무성영화제의 인스타그램 광고 결과를 평가하는 포스트를 올리면서, 영화제의 책임자 셜리 슈즈에게 마무리 발언권을 넘기고 싶었다.

우리는 독자의 이런 경험을 계기로 더 많은 것을 원하고, 우리가 훌륭한 스토리, 뛰어난 촬영기술과 연출, 연기를 바탕으로 좋은 영화를 만들면 그들과 더욱 가까워질 수 있다는 사실을 알게 되었습니다. 십대 남자아이들이 더글러스 페어뱅스가 출연하는 1925년작 '검은 해적'을 관람하는 모습을 보고 저는 환호성을 질렀죠. 이것이 바로 우리가 일을 제대로 하고 있다는 증거니까요.

Rule 18

말하지 말고 보여 준다

러시아의 극작가이자 단편소설가 안톤 체호프는 이렇게 썼다.

"달빛이 얼마나 밝은지 말하지 말라. 차라리 깨진 유리조각에 비친 달을 보여 달라."

'말하지 말고 보여 주라'는 《콘텐츠 룰》에서 강조한 규칙이지만 글쓰기 규칙에도 해당한다. 훌륭한 콘텐츠와 훌륭한 글은 설교나 강요를 하지 않는다. 제품이나 서비스가 세상에 어떻게 존재하는지, 인간의 삶에 어떤 가치를 더하고 문제를 해결하고 짐을 덜어 주고 필요를 충족하는지 인간적인 언어로 설명한다.

나는 애런 오렌도르프가 '말하지 말고 보여 주기' 원칙을 설명하는 방식이 마음에 든다. 그는 자신의 사이트 IconicContent.com에 그것을 '판매가 아닌 구원, 거래가 아닌 신학'으로 생각하라고 쓰면서 다음과 같이 말한다.

"당신의 제품이 사람들을 어떤 지옥에서 구원하고 어떤 천국으로 데려다 주는지 생각해 본다. 세상에는 다양한 종류의 지옥이 있고 훌륭한 마케팅은 그것을 영악하게 이용한다. 시간에 쫓기는 지옥, 스트레스 지옥, 권태로운 지옥, 건강을 망치는 지옥, 외로움의 지옥, 과로의 지옥, 예산 부족의 지옥, 빚더미 지옥, 더러움의 지옥, 낮은 클릭률의 지옥, 인간 관계의 지옥, 무질서의 지옥…. 이 외에도 얼마든지 있다."

다시 말해 당신의 특징은 무엇인지, 어떤 혜택을 줄 수 있는지, 장점은 무엇인지에 대해 이야기하지 말고, 그것이 독자에게 어떤 의미가 있는지를 말한다(보여 주면 더 좋다).

구체적으로 어떻게 해야 할까?

글에 생기를 불어넣기 위해서는 구체적으로 설명해야 한다. 글을 쓰는 사람들은 두루뭉술하고 포괄적으로 서술하면 제품이나 서비스의 설명을 읽는 사람 대부분이 자신과 관련 있다고 여겨 폭넓게 적용할 것이라고 생각한다.

하지만 구체적인 설명이 콘텐츠에 생명력을 불어넣고 인간미를 더해 독자들이 자신의 이야기로 받아들인다. 세부적인 묘사는 자세하고 명확한 그림을 그려 독자들이 글에 더욱 공감하고 몰입하게 만든다. 저널리즘을 공부하던 시절에 배운 보석 같은 한마디가 생각난다. '신뢰를 줄 만큼 구체적이고, 공감을 줄 만큼 보편적이어야 한다.'

나탈리 골드버그는 세부적인 설명을 더하는 습관은 '사물의 이름에 품위를 더하는 것'이라 설명한다. 글쓰기에 대한 책《뼛속까지 내려가서 써라 *Writing Down the Bones*》에서 나탈리는 "사람에게 '어이, 아가씨 줄을 똑바로 서요'라고 말하는 것은 무례하다. 그 '아가씨'에게도 이름이 있으니까"라고 했다.

나탈리의 제안대로 '꽃'보다는 '제라늄', '개'보다는 '코커스패니얼', '푸드트럭 서비스'보다는 '베트남식 샌드위치 트럭', '클라이언트'보다는 '회계사무소의 앨런 아라켈리언'이라고 쓰자.

특히 B2B 시나리오에서 구체적인 묘사는 해결책이라는 메마른 뼈대에 살을 붙이고 피를 돌게 하여 목표 고객에게 진실하고 명확하게 다가갈 수 있게 도와준다. 사례 분석과 고객 추천 광고에 인간미를 부여하는 데에도 매우 효과적이다.

예를 들어 내가 시스코 시스템즈라면, 정보통신기술의 역할이 어떻게 변하고 있는지 보여 주기 위해 클라우드, 안전성, 이동성, 프로그래밍이 가능한 네트워크가 가져온 새로운 소비 모델을 설명하는 백서를 의뢰할 수 있다. 그것이 어떻게 의사소통과 지식 공유 방식을 변화시키고 IT의 역할을 크게 바꾸어 새로운 시장과 비즈니스 모델을 창조했는지 이야기할 수도 있다.

또는….

소비자에게 화장품을 더 많이 판매하는 기술을 명확하고 쉬운 말로 공유하는 실제 최고정보통신책임자에 대한 이야기를 들려줄 수도 있다.

어느 쪽이 더 흥미진진한가? 일반적인 서술인가, 구체적인 서술인가? 사실 이런 식의 질문은 바람직하지 않다. 비즈니스의 세계에는 두 가지가 모두 적용될 수 있으니까. 변화하는 IT 세계를 총체적으로 조망하는 복잡한 백서도 있고, 아이디어에 생동감을 더하는 가볍고 구체적인 이야기 형식의 콘텐츠도 있다. 그러나 고객이 직접 등장하는 동영상이나 광고에서 실제로 일어난 문제에 실존 인물과 실제 해결 방식이 등장하면 그 내용이 훨씬 더 생생하게 다가온다. 업계에서 누구나 내놓는 판에 박힌 이용후기와는 매우 대조적일 것이다.

시스코는 실제로 멕시코 주류회사 그루포 모델로의 CIO(최고정보통신책임자) 마리나 벨리니를 담은 스토리 동영상과 사이트 콘텐츠를 제작했다(그루포 모델로는 유명 맥주 코로나를 수출하는 기업이다).

시스코의 '고객의 소리'팀은 마케팅 매니저 팀 워셔, 앤디 카페너, 크리스 휴스턴이 출연하는 동영상을 만들었다. 세 편 중 하나에는 실제 CIO들이 출연해 자신들이 사랑하는 일에 대해 이야기를 나눈다. 다음은 그 비디오 시리즈에서 배울 수 있는 효과적이고 구체적인 접근법이다.

◆ **업계 전문용어를 사용하지 않는다.** 고객을 대상으로 하는 동영상에서 등장인물들은 하나같이 업계의 전문용어와 유행어를 구사하곤 한다. 그러나 CIO는 인격을 지닌 진짜 사람이다. IT 회사인 시스코가 진짜 인간미를 드러내는 접근법을 사용한 것은 매우 혁신적이었다.

시스코는 인간미를 어떻게 드러냈는가? 팀은 이렇게 말했다. "편안한 분위기를 이끌어 내려면 적절한 환경을 만들어 줘야 해요. 우리는 이런 영상을 회의실에서 찍고 싶지는 않았어요. 업무와 관계없는 상황에 이 사람들을 등장시켜 회사의 대리인이라는 이미지를 벗기고 싶었죠."

◆ **스토리와 전략을 결합한다.** 구체적이고 단순한 스토리를 빅 아이디어와 폭넓은 전략에 결합하여 제대로 전달해야 한다. 우리는 고객을 직접 카메라로 비추어 말하게 하는 고전적인 방식에 익숙하다. 하지만 시스코는 전형적인 접근법이 아닌 색다른 방법을 시도했다.

팀의 말이다. "우리는 엔터테인먼트 요소를 가미하고 싶었어요. 유튜브에서 시청자를 확보하려면 그게 필수니까요." 또 그들은 고객에게 친근하고 소탈한 모습을 보여 주면서 시스코와 클라이언트 모두를 인간적인 회사로 만들고자 했다.

내가 왜 '개인적'이 아니라 '인간적'이라는 표현을 썼을까? CIO들은 그들의 가정생활이나 자녀, 애완동물에 대해 이야기하지 않았다. 그 동영상은 개인적이지 않지만 인간미를 지닌 비즈니스에 대해 말한다. 그것이 바로 인간적인 것이며 B2B 기업이 추구해야 할 목표다.

그렇다면 시스코가 추구하는 폭넓은 전략은 무엇일까? 새로운 고객 및 시장과 관계를 맺고, IT 산업을 비용 중심에서 수익 중심으로 바꾸는 현대 CIO의 전략적인 사고를 강조하는 것이다.

물론 생생하게 이야기하고, 인간적인 요소를 가미하고, 매력을 더하는 것은 모두 구체성과 관계가 있다. 즉 말하지 않고 보여 주는 것이다.

Rule 19

익숙하지만 허를 찌르는
비유를 쓴다

<u>비유는 잘 모르는 대상을</u> 잘 알려진 대상에 빗대어 표현하는 방법이다. 비유는 독자들에게 복잡한 절차나 개념을 친근하고 이해하기 쉽게 설명해 주는 선물이나 다름없다. 즉 비유는 추상적인 대상을 구체적으로 보여 주는 데 도움이 된다.

Rule 5에서 예로 들었던 문자 해독율 관련 통계를 기억하는가?

"2006년 미국 교육부에서 발간한 '전국 성인 읽기 능력 평가' 보고서에 따르면, 기초적인 읽기 능력이 부족한 성인이 3,000만 명에 이른다고 한다."

3,000만 명이라고 하면 아주 많은 것 같지만 정말 그럴까? 그것은 미국 인구의 약 12퍼센트에 불과하고(괜찮은 비유) 텍사스 주 전체 인구수를 조금 넘는 수치(훨씬 나은 비유)일 뿐이다.

'2014년 신규 가입자가 842명'이라는 말을 '영국의 런던아이 관람차에 탑승 가능한 인원보다 많은 수'라고 표현할 수도 있다.

〈가디언〉의 한 기사는 친숙하고도 놀라운 비유를 사용해 NSA(미국국가안전보장국)가 국민의 사생활을 얼마나 폭넓게 침해하고 있는지 설명한다.

"당신이 테러 용의자와 대화를 나눠야만 NSA에 의해 대화 내용을 분석당하는 것은 아니다." 가디언에 따르면 NSA는 표적 인물로부터 세 단계를 건넌 범위의 사람들까지 감시할 수 있기 때문이다. "당신에게 말을 건 사람에게 말을 건 사람에게 말을 건 사람이 표적 인물일 때도 당신은 감시의 대상이 된다."

그래서 당신의 페이스북 친구가 200명이라면(페이스북 이용자의 평균을 조금 넘는 수다) NSA의 세 단계 네트워크에 포함되는 사람의 수는 미네소타 주의 인구수를 초과한다.

물론 비유의 요소들은 독자에게 익숙해야 한다(이것도 독자에 대해 잘 알아야 하는 이유 중 하나다). 당신이 카라바흐나 코소보의 지형에 대해 깊고 구체적인 지식을 갖추고 있다 해도, 독자 역시 그럴 거라고 기대해서는 안 된다.

또 훌륭한 비유는 상투적인 표현에 의존하지 않고(예: 축구장 네 개만 한 크기) 놀라움을 안겨 주어야 한다. 그저 '크다'라고만 말하지 말고 친근하고 재미있는 표현을 찾아보자.

나쁜 예: 거대 호박의 잎은 엄청나게 크다.
좋은 예: 호박잎은 쓰레기통 뚜껑 만큼 커서 수박만 한 호박을 완전히 가리고 있다.

나쁜 예: 도로는 직경 10~12밀리미터의 조그만 과속방지턱으로 뒤덮여 있었다.

좋은 예: 도로는 10원짜리 동전 크기만 한 작은 과속방지턱으로 뒤덮여 있었다.

더 좋은 예: 나무 진액에 도토리깍정이가 박힌 것처럼 도로는 작은 과속방지턱으로 뒤덮여 있었다.

데이터나 문자에 친숙하지만 놀라운 비유를 덧씌우면 아무리 이론적인 내용이라도 생생하고 직감적으로 전달할 수 있다.

Rule 20

이해시키려 최선을 다한다

독자와 깊이 공감하는 글이란 우리가 사는 세상을 조금이라도 더 명확히 이해시키기 위해 최선을 다하는 글이다. 간단한 제품 설명서라 해도 다르지 않다. 작가 앤 라모트는 이렇게 말했다.

"작가는 언제나 해결책을 제시하려 노력하고, 삶에 대해 조금 더 깊이 이해하여 그것을 독자에게 전달하려고 애쓴다."

안내 자료나 설명서를 쓸 때는 가르치는 자세를 가지기가 쉽다. 하지만 가르친다는 개념은 그보다 훨씬 넓다. 당신의 견해를 설명할 때 그것을 뒷받침하는 증거와 이유도 대야 한다는 뜻이다.

당신의 기분이 어떻다고만 말하지 말고 왜 그런 기분을 느끼는지 이야기하자. 효과가 있다는 말에 그치지 말고 어떤 효과가 있는지, 무엇 때문에 효과가 있는지 설명하자. 최대한 구체적으로 밝혀야 한다.

- '해결책'이라고 말하지 말고 제품이 어떤 역할을 하는지 말한다.
- '많다'고 말하지 말고 얼마나 많은지 이야기한다.

Rule 21

단순한 것은 좋지만
너무 단순하면 곤란하다

"복잡한 것은 바보라도 만들 수 있지만 천재만이 그것을
단순하게 만들 수 있다." 미국의 포크송 싱어송라이터인 우디 거스
리는 이렇게 말했다. 비즈니스도 인생만큼이나 난해하다. 복잡한 제
품과 이해할 수 없는 콘셉트가 넘쳐난다. 그러나 훌륭한 콘텐츠는
복잡함을 해소하여 이해하기 쉽게 만들어 준다. 기업 내에서만 통용
되는 전문용어 없이, 간결하고 인간적이며 쉬운 용어로 의미를 전달
한다.

언론대학 시절 한 교수님은 다음과 같은 보석 같은 조언을 해 주
셨다. "너무 이해하기 쉽게 만들었다고 나무랄 사람은 아무도 없다.
그러나 쉬운 것과 바보 수준으로 떨어뜨리는 것은 다르다. 독자가
아무것도 모른다고 가정해야 하지만 그들이 바보라고 가정해서는
안 된다."

당신의 B2B 콘셉트가 너무 복잡해서 도저히 단순하게 전달할 방

법이 없다고 생각된다면 〈이코노미스트 스타일 가이드〉의 첫 문장을 읽어 보자. "〈이코노미스트〉의 첫 번째 요건은 쉽게 이해할 수 있어야 한다는 것이다. 명확한 글은 명확한 생각에서 나온다. 하고 싶은 말이 무엇인지 생각한 다음 최대한 간단히 말하라."

비즈니스에서 마케팅 부서가 진정으로 기여하고 가치를 더할 수 있는 곳은 바로 이 부분이다. 단순하다는 말은 고객이 쉽게 이해할 수 있다는 뜻이다. 또 그것은 고객의 편이 된다는 뜻이다. 보스턴에서 활동 중인 콘텐츠 전략가 조지 코헨은 웹사이트 콘텐츠 제작에 관해 이렇게 썼다. "마케터는 핵심 메시지와 우선 목표를 정하고 사정없이 고친 다음 웹 전문가와 힘을 모아 고객을 지원하는 웹사이트를 만들어야 한다."

단순함은 어떤 글을 쓰든 독자에게 공감하려 노력하고 독자 중심의 관점을 유지할 때 얻을 수 있다. 앞에서 강조했듯, 인간적인 언어로 명확하고 간결하게 글을 쓴 결과가 바로 단순함이다. 그러나 메시지를 전달하는 수단도 고려해야 한다. 말이 전혀 필요하지 않을 수도 있고, 지금보다 명확하고 쉬운 말을 써야 할 수도 있다. 다음 사항들을 고려해야 한다.

◆ **메시지에 가장 걸맞은 옷을 찾는다.** 말을 지금보다 늘려야 할까 줄여야 할까? 도표나 그래픽, 시각 자료를 쓰면 아이디어를 더 쉽게 표현할 수 있을까? 동영상을 활용하면 원하는 말을 곧바로 전달할 수 있을까?

◆ **완성된 디자인에 글을 삽입하지 말고 글의 배치와 디자인을 동시에 구상한다.** 이 책은 물론 디자인에 관한 책은 아니다. 그러나 디지털이든 종이든 한 페이지 안에 글을 어떻게 배치하느냐에 따라 전달 효과는 크게 달라질 수 있다. 다음 두 가지 사항은 꼭 기억해 두자.

1. 여백은 사치가 아닌 필수다. 글의 분량이 너무 많으면 독자는 부담을 느껴 읽고자 하는 의욕을 상실하게 된다. 디자이너들은 페이지에 여백이 많을수록 읽기가 쉬워진다고 입을 모은다. 빈 공간은 뒤죽박죽 얽혀 있는 콘텐츠에 신선한 공기를 불어넣어 여유를 느끼게 해 준다.

2. 글을 디자인의 주인공으로 만든다. 빵집에서 미리 만들어 둔 생일 케이크에 남는 공간을 찾아 이름을 써넣듯이 글을 완성된 디자인에 추가하려 하지 말자. 이런 접근법은 콘텐츠를 디자인보다 부차적인 것으로 취급한다.

마케터에게 디자인과 콘텐츠 제작은 별개의 과정이 아니다. 같은 과정의 중요한 부분들이다. 둘은 단짝 친구나 부부처럼 하나로 취급해야 한다.

Rule 22

글쓰기 짝꿍을 찾는다

글쓰기를 스포츠에 비유한다면, 벽에 공을 튀기고 이를 받아치는 스쿼시나 기둥에 매단 공을 혼자 치고 받는 테더볼쯤에 해당한다. 혼자서 할 수 있지만 조금 외로울 수 있다.

글쓰기 짝꿍은 글쓰기 실력을 함께 기르고 서로에게 자극을 줄 사람을 말한다. 짝꿍이 있다면 아이디어를 나누고, 새로 쓴 글을 처음으로 공유하고, 피드백을 주고받고, 개선할 점을 지적해 서로의 글이 더욱 발전하도록 자극할 수 있다. 이렇게 글쓰기 짝꿍은 글쓰기 과정에서 항상 내 편이 되어 줄 사람이어야 한다.

비슷한 감성을 지닌 친구나 동료라면 그런 역할을 할 수 있다. 아니면 온라인에서 죽이 잘 맞는 사람을 찾아도 된다. 수많은 온라인 포럼, 링크드인 커뮤니티, 구글이나 페이스북 그룹에서 만난 작가들과도 정보와 아이디어를 공유할 수 있다. 그들 대부분은 글쓰기에 관심이 많을 테니까.

Rule 23

남의 지적에 휘둘리지 않는다

짝꿍이 곁에 있으면 많은 도움이 된다. 그렇다면 상사가 뒤에 버티고 있다면 어떨까? 크게 도움이 안 된다.

글쓰기는 육아와 비슷하다. 누구나 잘하는 방법을 알고 있다고 생각한다(특히 아이가 없는 사람들이). 당신의 글이 상사나 클라이언트의 승인을 꼭 거쳐야 하는 경우, 아는 체하거나 호의적인 척하는 사람들을 퇴치하는 법을 소개한다.

1. 대략적인 개요를 작성해 결재를 받은 다음 글쓰기를 시작한다 (이 방법으로 많은 골치 아픈 문제를 예방할 수 있다).

2. 몇 단계의 결재 절차까지 받아들일 수 있는지 사전에 확실히 정해 둔다. 한 번이라면 괜찮다. 다섯 번이라면? 사절한다.

3. 의견이 아닌 OK를 구한다. '제안할 게 있으면 말씀해 주세요' 보다 '확인해 주세요'라고 하면 수정 횟수가 훨씬 줄어들 것이다.

Rule 24

가독성에 목숨을 건다

이 책에서 나는 전문용어나 유행어, 상투어 등의 사용은 자제하고, 쉬운 단어와 간결한 문장으로 글쓰기를 주장한다. 인터넷의 좋은 글들이 모두 짧은 것은 아니지만 대체로 간결하다.

◆ 한 문단이 3문장, 6줄 이하로 짤막하다.

◆ 한 문장이 60자 이하다.

◆ 쉬운 단어를 쓴다. 즉 상투어, 전문용어, 유행어를 자제한다 ('쓴다'를 쓸 수 있는 자리에 '운용한다'라고 쓰지 않는다).

간결한 문장을 만들기 위한 팁을 좀 더 나누면 다음과 같다.

◆ 글머리표시나 번호를 붙인 목록 형식을 사용한다.

◆ 볼드체나 이탤릭, 인용부호로 **요점을 강조한다.**(이런 식으로)

◆ 소제목을 사용해 글을 나눈다.

◆ 그래픽, 사진, 슬라이드 쇼 등 시각적 요소를 추가한다.

◆ 문서 곳곳에 여백을 두어 숨 돌릴 여유를 준다.

각자의 상황이 다를 테니 위 제안에 얽매일 필요는 없다. 최신 기술이나 의료 시장에 관한 글을 쓸 때는 전문용어가 필요할 수도 있다.

늘 그렇듯 자신의 대상 독자가 어떤 사람들인지 이해하는 것이 우선이다. 온라인 텍스트를 읽는 것은 인쇄된 책을 읽는 것과 다르다는 점을 인정하라는 뜻이다. 온라인에서 사람들은 많은 글을 빨리 훑어보는 경향이 있으니 단어와 문장을 짧게 쓰는 것이 훨씬 더 중요하다.

글을 읽을 때 우리의 머리와 눈은 논점의 흐름에 집중하여 그때까지 그 글이 말하고자 하는 것이 무엇이었는지 판단한다. 구두점이나 새 문단이 시작되는 부분 등 글을 읽다가 자연스럽게 멈추게 되는 부분에 이르면, 머리는 그 짧은 순간을 틈타 지금까지의 글 내용을 다시 분석한 뒤 최종 의미를 파악한다.

따라서 단어나 문장, 단락이 길수록 뇌가 모든 단어를 종합해 의미를 이해하기까지 걸리는 시간도 길어진다. 긴 단어와 문장을 소화하려면 독자는 더 많은 정신노동을 해야 하는 것이다.

기껏 포스트를 완성했는데 지식인과 똑똑이만 이해할 수 있다면 처음부터 완전히 뜯어고쳐야 한다. 긴 문장은 짧은 문장으로 나누고, 복잡한 어구는 쪼개거나 간단히 줄인다.

Rule 25

'계속 쓰고 싶어서 못 참겠네'라고 써놓고 끝낸다

<u>우리는 글 한 편을 빨리 끝내고</u> 다른 일로 넘어가고 싶은 마음에, 하루가 지나기 전에 서둘러서 마무리하는 경향이 있다. 그러나 미완성 상태로 남겨 두면 오히려 다음 날 다시 시작할 수 있는 동기와 의욕을 얻을 수 있다.

그래서 나는 망쳤다고 느낄 때가 아니라 작업이 순조롭다고 느낄 때 그날의 글쓰기를 마친다. 다음번에 고쳐쓰기, 편집 등을 위해 글을 다시 집어들 때 몰입할 수 있는 동기를 잃지 않기 위해서다.

그렇게 다시 시작할 여지를 남기면, 실제로 다시 시작할 가능성은 높아지고 책상 근처에도 가지 않은 채 인기 드라마에 정신없이 빠질 가능성은 낮아진다.

Rule 26

시간보다 단어 수를 기준으로 목표를 정한다

'측정하지 못하는 것은 개선할 수 없다'라는 말은 데이터와 효율성의 밀접한 상관관계를 강조하는 경영계의 오래된 금언이다. 경영학자 피터 드러커가 이 말을 했다는 설도 있고 통계학자 윌리엄 에드워드 데밍이 남긴 말이라는 설도 있다.

글쓰기에서는 효율성을 측정하기가 쉽지 않다. 이를테면 형편없는 글 1만 단어를 쓰느니 산뜻한 글 500단어를 쓰는 편이 나을지도 모른다. 그래도 목표와 그 측정 기준을 정해 놓으면 속도를 내어 꾸준히 글을 쓰는 데 훨씬 도움이 된다.

하지만 소비한 노력(시간)보다는 산출물(단어 수)을 기준으로 성과를 측정하는 편이 낫다. 백지만 뚫어지게 바라본 30분이나 생산적인 구상을 하며 보낸 30분이나 여기서는 똑같이 아무것도 하지 않은 시간으로 취급한다. "스타워즈"의 요다가 한 말을 빌리자면 '그냥 해 보는 건 없다. 진짜 하는 것만 있을 뿐.'

백서, e북, 동영상 대본 등 대규모 글쓰기 프로젝트를 진행하고 있다면 이 방법이 특히 잘 통한다. 하루의 글쓰기 목표를 얼마로 정할지는 순전히 쓰는 사람 마음이다. 자신의 기준은 스스로 정해야 한다.

이미 강조했듯이 요즘에는 모든 사람이 글을 쓴다. 최근에 e메일을 보낸 적이 있는가? 보고서를 제출한 적은? 트위터에 회신한 적은? 이런 경험이 있다면 당신은 이미 작가다. "마음만 있다면 작가가 될 수 있습니다." 작가 겸 사진가인 데인 샌더스의 말이다.

얼마 전 데인은 한 해에 두 권의 책을 냈는데 두 권 모두 베스트셀러가 되었다. 데인처럼 날마다 글을 쓰는 습관을 오래 유지해 온 사람도 책 두 권을 연이어 써내는 과정은 이루 말할 수 없이 고통스러웠다고 한다. 그래서 한동안은 글쓰기에서 완전히 손을 떼야 했다. 최근에 일상으로 복귀하기 위해 다양한 방법을 시도해 본 결과 하루에 쓸 분량을 정해 놓고 자신과의 약속을 지키는 방법이 가장 효과적이었다고 한다.

데인은 자신의 체급을 잘 아는 것이 중요하다고 강조했다.

제 말은 당신이 헤비급인지 페더급인지 아니면 그 중간 체급인지 알아야 한다는 거예요. 잘 모른다면 일단 페더급으로 가정하자고요.

만약 헤비급 작가가 아침 식사 전에 한 자리에 앉아 5,000단어를 써낼 수 있다면, 당신은 50단어를 써내는 정도부터 시작해 보세요. 그 정도면 대체로 트윗 하나에 맞먹는 분량이죠. 제가 아는 사람들 대부분

이 그 정도를 써낼 역량은 되거든요. 그것이 가능하다면 250~500단어
로 체급을 높이는 거죠. 하지만 머리를 쥐어뜯지 않고도 앉은 자리에
서 최소 750단어를 써낼 수 있을 때까지 계속 노력해야 합니다.

현재 글쓰기 체급이 약 1,000단어 이상인 데인은 다음과 같이 말
한다. "최소 그 정도의 단어를 조합해 하나의 완결된 아이디어를 표
현해야만 그날 하루치 분량을 끝낸 거예요. 그 분량을 달성했을 때
는 내 글쓰기 세계에 이상이 없다고 스스로를 칭찬하고 안심시키죠."
그렇게 1년을 보내고 나니 1,500페이지에 달하는 글이 완성되
었다고 한다.
"2년 내리 그런 생활을 유지했더니 톨스토이의 《전쟁과 평화》보다
더 두꺼운 책이 완성되더군요. 미들급으로서는 나쁘지 않은 결과죠."

Rule 27

마감 기한은
글쓰기의 윤활유

픽사 애니메이션 "토이스토리 2"에서 우디를 납치한 알 맥위긴('알의 장난감 가게' 사장)은 우디의 팔이 떨어지자 수선공을 불러 고치게 한다.

알이 수선공에게 "시간이 얼마나 걸릴 것 같나?"라고 묻자 그는 이렇게 대답한다. "서두르면 작품이 안 나와요." (픽사의 정신을 그대로 반영하는 대사이기도 하다.)

그러나 여기서는 이 말을 잊자. 가끔씩은 작품을 서둘러 창조해야 할 때가 있으니까. 서두르지 않으면 영영 한가해질지도 모른다.

적어도 하루치로 정해 놓은 분량은 반드시 써내야 한다. 무슨 일이 있어도 마무리하는 것이다. 타협의 여지는 없다. 레오나르도 다빈치의 말대로 "예술은 절대 완성이 없다. 그만둘 수 있을 뿐이다."

나는 글을 쓸 때 수정, 편집, 퇴고를 멈추지 않고 한 번에 후다닥 끝낸다. 그러나 한편으로는 질질 끌면서 미루는 습관도 있다. 글쓰기란 원래 좌절과 뿌듯함을 동시에 안겨 주는 작업이다. 우리는 언제나 글을 다듬고 고쳐야 한다. 어떻게 하면 글을 더 세련되고 재미있게 개선할 수 있을지 늘 고민해야 한다.

그러나 '마감 기한은 글쓰기의 윤활유'라는 말을 처음으로 만들어 낸 영국 벨로시티 파트너즈의 더그 케슬러나 나 같은 사람들에게 통할 방법은 단 한 가지밖에 없다.

마감 기한을 확실히 정한다. 그런 다음 철저히 지킨다. 자신에게 엄격해야 한다. 마감을 이리저리 옮기거나 미뤄서는 안 된다. 단순한 권고사항으로 여겨서도, 완전히 무시해서도 안 된다.

스스로 정한 마감 기한 전까지 일단 최선을 다한 다음, 그 과제를 거기서 마무리할지 판단한다.

PART
02

글쓰기 규칙:
최소한만 알면 되는
문법과 용법

Part 2

<u>글쓰기는 곧 문법이라 생각하는</u> 사람이 많다. 그러나 (1장에서 충분히 깨달았기를 바라지만) 훌륭한 글을 쓰기 위해서는 '개발'과 '계발'을 구분하는 능력보다는 생각하기와 고쳐쓰기, 독자에 대한 끊임없는 관심이 훨씬 중요하다.

그렇다고 문법과 용법이 중요하지 않다는 얘기는 아니다. 중요하기는 해도 여러 가지 면에서 이차적인 문제에 지나지 않는다. 이 책에서 문법에 관한 내용이 2장에 등장하는 이유도 그 때문이다.

문법과 용법은 마치 미로와 같다. 너무 꼼꼼히 따지다가는 이내 지쳐서 어리벙벙해지고 만다. 문법을 하나라도 틀릴까 봐 전전긍긍하느니 아예 깡그리 무시하는 쪽이 속 편할 수도 있다.

물론 그 지경까지 가서는 안 된다. 그래서 여기서는 마케터가 꼭 알아야 할 문법과 용법만 취급할 예정이다. 내 경험을 바탕으로 마케터들을 가장 괴롭히는 문법 문제를 모아 보았다.

Rule 28

허세가 아닌 진짜 단어를 쓴다

<u>진짜 단어를 찾기란 생각보다 어렵다.</u> 소셜 웹의 성공 가능성은 시장, 인구통계학적 분석 자료, 데이터 세트가 아닌 인간(고객과 우리 자신)을 돋보이게 하는 능력에 달려 있다. 이것은 그다지 혁신적인 개념도 아니다.

윌리엄 스트렁크와 E. B. 화이트는 《글쓰기의 기본 *The Elements of Style*》에서 독자들에게 '자연스럽게 떠오르는 대로 써라. …… 변칙보다는 표준을 원칙으로 하라'라고 조언했다. 진짜 단어를 사용해 진짜 사람들을 위한 글을 쓰라는 뜻이다.

그러나 수십 년이 지난 지금도 우리의 글과 콘텐츠에는 여전히 현재의 패러다임을 유지하고, 권장하고, 강화하기 위한 혁신적이고, 영향력 있고, 가치를 창출하는, 최첨단의, 관념화된 단어가 난무한다.

그런 단어를 볼 때마다 벌금으로 5센트씩 걸었다면 내가 지금까지 2002년형 볼보를 타고 다니지는 않을 것이다.

우리는 왜 유행어와 전문용어를 남용할까? 자신의 무식과 불안을 감추려는 의도로 쓰는 사람도 있다. 특히 소비자보다는 다른 기업을 상대하는 회사에서는 그런 말들을 업계 용어라고 여기는 경향이 있다(그러나 다른 기업과 거래하는 회사도 따지고 보면 모두 사람에게 물건을 파는 것이다).

이런 단어는 온라인 비즈니스 글쓰기의 화학첨가물이라 할 수 있다. 간간히 한두 개씩 섞는다고 문제가 되지는 않지만 지나치게 많이 쓰면 독이 된다.

그래도 나는 희망을 가지고 싶다. 대부분의 작가는 전문용어로 허세를 부리려는 생각이 없다고 믿는다. 그들은 독자가 쉽게 이해할 수 없는 비어와 상투어, 전문용어를 피하려는 의지를 갖고 있을 것이다.

훌륭한 글은 적절한 단어, 진짜 단어를 사용하고 전문용어를 남용하려는 유혹을 피하려는 의지에서 나온다.

Rule 29

저속한 신조어, 첨가제가 든 단어는 피한다

<u>두 단어를 아무렇게나 이어 붙여</u> 추하고 끔찍한 단어로 재탄생시킨 신조어는 특별한 경우가 아니면 사용을 자제해야 한다.

예를 들면 다음과 같은 신조어들이다.

● 극혐: 극도로 혐오스럽다는 뜻

● 낫닝겐: 영어의 'not'과 일본어인 '닝겐'(인간)의 합성어로, 인간이 아니라는 뜻

● 먹스타그램 : 자기가 먹었던 맛있는 음식을 SNS에 올리는 사진

● 답정녀: "답은 정해져 있어, 너는 대답만 해"의 준말. 보통 여자들이 남자친구한테 많이 하는 말로, 자신이 듣고 싶은 정답은 정해져 있으니 빨리 대답만 하면 된다는 뜻

● 뇌섹남: '뇌가 섹시한 남자'를 줄여 이르는 말. 유머러스하고 지적인 매력이 있는 남자를 가리킨다.

● 셀기꾼: 셀카로 찍은 사진이 실제 모습보다 더 예쁘거나 멋있게 나오는 사람

● 베댓: 베스트 댓글. 다른 사람의 추천을 많이 받은 댓글

● 심쿵: 심장이 쿵 할 정도로 강한 충격이 왔다는 뜻으로, 사람이나 물건 등 특정한 것에 완전히 반한 상태를 말할 때 쓰인다.

첨가제가 들어간 단어도 사용을 피한다(주로 끝에 '‒화, ‒적, ‒성'이 붙는다). 이렇게 식품첨가제처럼 영양성분은 부실하면서 비만을 일으키는 접미사를 붙이면 단어는 실제보다 허세를 부린다는 느낌을 준다.

Rule 30

기계에게나 쓰는 말은
사람에게 사용하지 않는다

사랑하는 사람에게 '나 지금 용량 초과야'라고 해야 할까, 아니면 '할 일이 너무 많아'라고 해야 할까?

'볼륨 좀 낮춰'라고 해야 할까, '목소리 좀 줄여'라고 해야 할까?

'절전 모드'라고 해야 할까, '휴식 중'이라고 해야 할까?

뭔가가 '레이더망에 포착되었다'고 해야 할까, '나의 관심을 끌었다'고 해야 할까?

이 정도면 알아들었을 것이다. 그런 말은 뇌와 영혼을 지니고 진짜 심장을 통해 진짜 피가 온몸을 도는 인간이 아니라 로봇이 하는 말처럼 들린다.

Rule 31

피동형 문장은
되도록 쓰지 않는다

<u>글을 쓸 때는 피동형 표현과</u> 능동형 표현을 구분하여 써야
한다. 능동형 표현으로 써야 할 것을 피동형 표현으로 쓰는 경우가
많기 때문이다.

피동형 표현은 '~풀이된다' '~판단된다' '~주목된다' 등과 같은
표현이다. 피동형 문장에는 주어가 생략된다. 가령 풀이된다고 하면
누가 풀이하는 건지, 지적된다고 하면 누가 지적하는지가 나타나야
하는데, 그 주체를 무의식적으로 또는 의도적으로 숨기는 문장 구
조다.

또한 '보인다' '된다'란 우리말의 피동형 어휘가 있는데도 많은 사
람이 '-지'를 넣는 어법을 사용해 '보여진다' '되어진다'라는 이중피
동의 잘못된 말을 쓰고 있다.

피동문은 주체가 스스로 어떤 행위를 하지 않고 '당하는' 형태다.
주관도 없고, 양보하는 것처럼 보여 강한 인상을 주기 어렵다. 문장

이 늘어지고 약해지므로 되도록 능동형으로 쓰는 것이 좋다. 능동형 문장은 전달하려는 내용을 직접적으로 드러내 힘이 강하고, 생기가 넘쳐 기억에 오래 남는다.

법은 모든 국민에 의해 지켜져야 한다.(피동형)
→ 모든 국민은 법을 지켜야 한다.(능동형)

동영상은 히바치라는 사람에 의해 편집되었다.(피동형)
→ 히바치라는 사람이 동영상을 편집했다.(능동형)

Rule 32

허약한 동사는 버린다

글에 생기를 불어넣고 싶다면 허약한 동사 대신 강한 동작을 나타내는 동사를 쓴다.

사람들의 행동이나 발생한 사건을 설명할 때는 표현력이 풍부한 단어를 써야 독자의 머릿속에 생생한 그림을 그리게 할 수 있다. 강한 단어는 문장에 힘차게 고동치는 생명력을 부여한다.

나쁜 예: 사랑하는 이의 묘비에 QR코드를 넣는 것은 참신한 아이디어이기는 해도 고상해 보이지는 않는다.

좋은 예: 사랑하는 이의 묘비에 QR코드를 새기는 것은 참신한 아이디어이기는 해도 고상해 보이지는 않는다.

나쁜 예: 그날 밤은 비바람이 거셌다.

좋은 예: 그날 밤은 비바람이 휘몰아쳤다.

세상 일이 다 그렇듯 여기서도 균형이 필요하다. 동작을 나타내는 동사를 남용해 독자에게 지나친 자극을 주어서는 안 된다. 그런 식으로 과장된 글은 편의점에서 파는 연애소설이나 혈기왕성한 십 대의 일기 같은 느낌을 준다.

부디 그런 글을 흉내 낼 생각은 하지 않기를 바란다.

Rule 33

부사는 어울리게 사용한다

<u>작가들은 부사를 쓸데없이</u> 쓰곤 한다. 진짜로 필요하지 않을 때도 말이다. 그렇다 보니 부사는 경기장에 정원보다 많은 선수가 있을 때처럼 특별한 역할이 없어진다. 그런 선수나 부사는 경기장 또는 문장에서 하릴없이 겉돌다가 이내 출전명단에서 제외되고 만다.

그건 그렇고, 부사가 대체 뭘까? 부사는 주로 서술어를 꾸미지만, 간혹 부사를 꾸미기도 하고, 명사를 꾸미기도 한다. 70년대에 나온 어린이 교육용 애니메이션 "스쿨하우스 록"에서는 부사를 다음과 같이 설명한다.

집에 페인트칠을 한다고 생각해 봐요.

어떻게 칠해야 할까요? 이럴 때 부사가 필요합니다.

특별한 강화제를 섞어 두텁게 칠할 수도 있고 연하게 칠할 수도 있지요.

《유혹하는 글쓰기》에서 스티븐 킹은 어울리지 않는 부사 사용을 지적했다.

지옥으로 가는 길은 부사로 포장돼 있다.
부사도 피동형처럼 소심한 사람들을 위해 만들어진 듯하다. 작가들이 부사를 즐겨 쓰는 이유는 자신의 뜻을 명확히 표현할 자신이 없기 때문이다. 자신의 논점이나 심상을 분명히 전달하지 못할까 두려운 것이다.

킹은 소심한 작가들이 튼튼한 구성에 기대기보다 문장의 허전함을 설명으로 채우려 한다고 보았다(말하지 말고 보여 주라는 법칙은 기억하는가?).

'그는 문을 꽉 닫았다'라는 문장을 생각해 보자. 형편없는 문장이라 할 수는 없지만(적어도 능동형 동사로 표현했으니까) '꽉'이라는 말이 꼭 들어가야 했는지 의문이다. '그는 문을 닫았다'와 '그는 문을 쾅 닫았다' 사이의 중간 정도를 나타낸다고 주장한다면 나도 별로 할 말이 없다. 그렇다면 문맥은 어떨까? '그는 문을 꽉 닫았다' 앞에서 상황은 이미 충분히 설명(비록 감동적인 설명은 아닐지라도)되지 않았을까? 그것으로도 그가 문을 어떻게 닫았는지 짐작할 수 있지 않을까? 앞에서 이미 설명한 내용을 굳이 쓸데없는 단어로 강조할 필요가 있을까?

그래서 부사를 써야 할 때와 쓰지 말아야 할 때는 언제라는 말인가? 허약한 단어 대신 강렬한 단어를 쓸 수 있는 경우에는 부사도 함께 버릴 수 있다. 그러면 문장은 한결 간결하고 경쾌해지며 묘사도 더욱 생생해진다. 예를 들어 '생산량이 급격히 증가했다'는 '생산량이 치솟았다'로 바꿀 수 있다.

또 문맥상으로는 의미가 명확하지 않아서 부사를 반드시 써야만 행동이나 상태를 강조할 수 있는지 따져 봐야 한다. 부사를 빼면 의미가 바뀌는가? 이 챕터의 첫 문장에서 '쓸데없이'라는 단어가 없으면 문장은 원래 의미를 잃고 "작가들은 부사를 쓰곤 한다"라는 문장이 되고 만다.

나는 단순히 동작을 강조하는 것이 아니라 의미를 완전히 바꾸기 위해 부사를 사용하는 것을 좋아한다. 대칭성과 의외성이 문장에 작은 생기를 불어넣는다. 예를 들어 나는 내 개인 사이트의 "성장 과정에서 생기는 불안감을 기술이 어떻게 덜어 주는가"라는 글에서 이런 표현을 썼다. "뭐라고 콕 집어서 말하기는 어렵지만 어쨌든 그것은… 정당하게 부당해(justly unfair) 보였다."

정말 부당하다는 뜻이 아니라 부당한 것이 멋져 보였다는 뜻이었다.

Rule 34

상투어는 어쩌다
한 번씩만 쓴다

<u>상투어는 지나치게 자주 사용되어</u> 신선미를 잃어버리고, 형식화되어 쓰이는 표현이다.

"상투어를 전염병 피하듯이 피해야 합니다." 세계적인 커뮤니케이션 기술 교육 전문기관인 토스트마스터즈의 조언이다. 물론 이 문장 속의 상투어는 웃기려고 일부러 쓴 것이다.

상투어가 처음 쓰였을 때 이러한 표현에는 세상을 보는 예리한 통찰과 신선한 인식이 담겨 있었을 것이다. 그렇다 보니 많은 사람들이 앞다투어 이런 표현을 사용하게 되고, 얼마 지나지 않아 걷잡을 수 없이 널리 퍼지는 것이다. 결국 처음에는 참신했던 표현도 지나치게 흔히 쓰이다 보면 낡고 진부한 상투어가 되는 것이다.

게으른 작가들은 상투어를 별다른 고민이나 생각 없이 습관적으로 사용한다. 다음 상투어는 대부분 들어 본 적이 있을 것이다. 모두 식상하기 짝이 없다.

- 장막을 걷다
- 장족의 발전을 이루다
- 큰 그림을 보다
- 가면을 벗기다
- 진가를 발휘하다
- 갈림길에 서다
- 뇌리에 박히다
- 지각 변동이 예상된다

1946년에 출간된 유명한 에세이 《정치와 영어》에서 조지 오웰은 상투어를 강력하게 경계했다. "인쇄물에서 흔히 볼 수 있는 은유나 직유, 기타 비유적 표현은 절대 사용하지 말라."

그러나 모든 상투어가 똑같이 만들어지는 것은 아니다. 때로는 흔해 빠진 표현에 새로운 의미와 시대를 초월하는 지혜가 더해지기도 한다. 결국 상투어라도 적당히 사용하면 보편적인 진리를 멋지게 담아낼 수 있다. 그 정도라면 상투어가 아니라 격언, 관용어, 경구라고 불러야 할 것이다.

그렇다면 어쩌다 한 번씩 쓴다는 것은 정확히 어느 정도를 뜻하는 걸까?

◆ 주재료라기보다는 양념처럼 아껴 쓴다.
◆ 상투어를 쓰면 표현이 훨씬 간결해지고 이해하기 쉬워질 때.

뭔가를 다시 시작해야 할 때 '원점으로 돌아간다'라고 하거나, 누구나 꺼리는 문제를 '고양이 목에 방울 달기'로 비유하는 경우를 예로 들 수 있다.

Rule 35

마케팅 글쓰기에 나타나는
흔한 실수들

<u>나는 지난 20년 가까이</u> 마케팅과 홍보 전문가, 기업 경영자들의 글을 편집하는 일을 해 왔다. 계산해 보니 하루에 한 편 꼴로 총 4,000편 정도를 생산해 낸 셈이다.

이렇게 말하고 보니 꼭 내 자랑처럼 들린다. 하지만 내가 하고 싶은 말은 이런 오랜 경험 덕분에 마케터와 비즈니스 전문가들의 글쓰기에 흔히 나타나는 문제가 무엇인지 훤히 꿰뚫게 됐다는 점이다. 이들은 전문가인 척하느라 명확한 의미 전달에 실패할 때가 많다.

아래에는 마케팅 글쓰기에서 흔히 나타나는 실수를 소개한다. 습관적으로 쓰는 어색한 표현과 간결하고 의미가 명확한 문장을 만들기 위해 주의할 사항들을 정리했다.

1. ~가 이루어지다 = ~가 되다
2. ~라 아니할 수 없다 = ~이다

3. ~에도 불구하고 = ~이지만

4. ~하고 있는 중이다 = ~하고 있다

5. ~하도록 하겠다 = ~하겠다

6. ~화(化)하다 = ~이 되다

7. ~로 인해 = ~로

8. ~라고 말할 수 있다 = ~이다

9. ~한 일이 아닐 수 없다 = ~한 일이다

10. ~하는 추세에 있다 = ~하고 있다

11. ~하지 않으면 안 된다 = ~해야 한다

이 외에도 자주 발견되는 실수들은 다음과 같다.

◆ 동사의 시제는 일관성 있게 유지해야 한다. 현재, 미래, 과거 시제를 왔다 갔다 하지 말자.

◆ 주요 문장 성분 간의 호응이 올바르게 이루어져야 한다. 주어는 있으나 짝이 될 서술어가 없는 경우 잘못된 문장이 된다. 또한 부사와 서술어의 호응도 올바르게 연결되어야 한다. 예를 들어 '모름지기'라는 부사어는 '~해야 한다'라는 서술어와 호응해야 하고, '결코'라는 부사어는 뒤에 '~않다'라는 서술어가 와야 한다.

좋은 예: 당신의 글은 독자에게 지식뿐만 아니라 즐거움도 줄 것이다.

◆ "(회사, 제품, 기타 주체)는 시장 점유율 10퍼센트 증가, 10퍼센트의 매출 증대를 목격했다."

제품이나 회사가 정말 뭔가를 목격할 수 있을까? 눈이라도 달려 있다는 말인가? 사람이 아닌 물체가 뭔가를 목격한다니 정말 터무니없는 소리다. 대신 이렇게 쓰자.

→ "(회사, 제품, 기타 주체)의 시장 점유율(매출)이 10퍼센트 늘었다."

또는

→ "(회사, 제품, 기타 주체)는 시장 점유율(매출)을 10퍼센트 높였다."

그건 그렇고, '10퍼센트 늘었다'와 '10퍼센트가 늘었다'는 같은 뜻이다. 너무 어색하게 들리지 않는다면 짧은 쪽을 쓰자.

◆ ~에 관하여. 이 말을 쓰고 있다면 생각이 명확하게 정리되지 않았다는 뜻이다. 하고 싶은 말이 무엇인지 잘 생각해 본 다음 이 말을 없애고 문장을 다시 쓰자.

◆ 이/저와 이것/저것. 이러한 지시대명사가 무엇을 가리키는지 독자가 곧바로 이해할 수 없을 것 같으면 사용을 피한다. 지시대명사를 사용할 때는 지시 대상이 무엇인지 확실히 설명해야 한다.

예: "주제를 뒷받침하는 믿을 만한 자료는 무엇인가? 인용할 만한 사례, 데이터, 실제 사건, 관련 일화, 참신한 이야기가 있는가? 이것들은 논거를 찾는 데 반드시 필요하다."

여기서 '이것'이 지시하는 대상은 정확히 무엇인가? 두 개의 질문에 등장하는 모든 명사일 수도 있고, 두 개의 질문 자체일 수도 있다. 따라서 이렇게 써야 의미가 정확해진다.

→ 이 질문들은 논거를 찾는 데 반드시 필요하다.

Rule 36

때로는 규칙을 무시한다

우리는 글을 쓸 때 지켜야 할 이런저런 규칙에 대해 학교에서 이미 많이 배웠다. 그 중 대부분은 하지 말아야 할 규칙이다. 고등학교 때 배운 금지 사항은 주로 말을 할 때 자연스럽게 나타나는 '실수'들이다. 그런 규칙이라면 글을 쓸 때도 과감하게 무시하라고 권하고 싶다. 단 명확성과 가독성이 높아지는 경우에 한한다.

1. **문장을 '그리고', '그러나', '왜냐하면'으로 시작하지 말라.** 그리고, 그러나, 왜냐하면을 왜 문장 처음에 두면 안 된다는 걸까? 왜냐하면 선생님이 싫어하시니까? 어쨌든 우리는 늘 그런 말을 듣고 살았다. 그러나 어른이 되고 나서는 선생님이 틀렸다는 사실을 알게 됐다. 왜냐하면 이 세 단어는 글에 생동감을 주고 문장에서 문장으로 자연스레 넘어가게 하는 역할을 하기 때문이다.

2. **불완전한 문장은 쓰지 않는다.** 하지만 가끔씩 강조의 의미로 불

완전한 문장을 쓰는 것은 전혀 나쁠 게 없다. (이렇게 말이다.) (이것도 마찬가지다.) (그리고 이것도.)

3. 문장이 하나밖에 없는 문단은 쓰지 않는다. 나는 학교에서 한 문단에는 세 문장 이상 일곱 문장 이하를 담아야 한다고 배웠다. 하지만 현대 마케팅 업계에서는 말도 안 되는 규칙이다. 온라인에서는 공백이 가독성을 크게 높이기 때문이다.

오히려 한 문장씩 분리하여 쓰면 중요한 논점을 뚜렷이 드러낼 수 있다.

농담이 아니다.

Rule 37

훈계는 삼간다

목사님, 부모님, 교수님이 즐겨 쓰는 말은 피한다. 이래라저래라 지시하는 표현을 너무 많이 쓰면 거들먹거린다는 느낌을 준다. 특히 아래 표현에 주의하자.

~을 잊지 말라

절대 ~해서는 안 된다

~을 하지 말라

~을 기억하라

항상 ~하는 것을 기억하라

~하기를 바란다.

나도 이 책에서 이 규칙을 자주 어겼음을 인정한다. 잘못된 글쓰기에 대해 주의를 주면서 '~해서는 안 된다' '~하지 말아야 한다' 같은 표현을 피하기란 쉽지 않다.

조목조목 설명하는 글과 독단적인 글은 분명히 다르다.

가르치려 드는 글과 유익한 글, 교육적인 글과 잘난 척하는 글 사이에는 모호하기는 해도 경계가 존재한다. 그 선을 넘지 않도록 주의하자.

PART 03

스토리 규칙:
가치 있는 이야기는
무엇인가?

Part 3

1장과 2장에서는 글쓰기와 문법, 용법 등을 다루었다. 3장에서는 마케터의 입장에서 중요성이 결코 뒤지지 않는 스토리와 스토리텔링에 대해 알아본다. 그래봤자 지면의 한계 때문에 이 주제를 심도 있게 다루는 것이 무리라는 점은 인정한다. 빙산의 거대한 덩어리는 수면 아래 남겨 둔 채 눈에 보이는 부분만 조금 쪼아 보는 수준에 그칠 것이다.

우선 '스토리'라는 단어에 대해 생각해 보자.

스토리와 스토리텔링이라는 용어가 비즈니스에서 쓰이는 것을 보면 그렇게 오글거릴 수가 없다. 비즈니스와는 관계가 없어 보이는 용어니까.

하지만 여기에 핵심이 있다. 비즈니스에서 스토리텔링은 이야기 보따리를 풀거나 동화를 지어 낸다는 의미가 아니다. 오히려 비즈니스(또는 제품이나 서비스)가 현실 세계에 어떻게 존재하는지 알려 주는 역할을 한다. 당신이 누구이며 사람들에게 어떤 혜택을 주는지, 사람들의 삶에 어떤 가치를 더하는지, 그들의 걱정을 어떻게 해소하고 짐을 덜어 주며 필요를 충족시키는지 이해시키는 것이다.

매력적인 브랜드 스토리는 당신과 고객을 이어 주고, 당신의 비즈니스를 고객에게 있는 그대로 보여 주는 선물이다. 진짜 가치를 전달하는 진짜 사람들이 만드는 살아 숨 쉬는 유기체다.

콘텐츠는 스토리텔링이 아니라 진실한 이야기를 전달해야 한다. 비록 그 차이는 미묘하지만 최고의 콘텐츠를 창조하는 사람들은 할 가치가 있는 이야기가 무엇인지, 그 이야기를 어떻게 전달할 것인지를 동시에 고민한다.

Rule 38

세상을 어떻게 바꿀 것인지를 이야기한다

<u>스토리에는 우리의 영혼을</u> 뒤흔들고, 사람과 사람 사이를 이어 주고, 공감대를 형성하는 놀라운 능력이 숨어 있다. 누구나 그 정도는 알고 있을 것이다.

훌륭한 마케터들 역시 그 사실을 이미 잘 알고 있는 듯, 지난 몇 년간 탁월한 브랜드 스토리를 풍부하게 쏟아냈다.

그러나 나쁜 사례도 적지 않다. 작가 앤 라모트는 스토리를 떠올리기란 상대적으로 쉽지만 진실한 이야기를 재미있게 전달하는 것은 '고양이를 목욕시키는 것만큼이나 힘들고 불쾌한 일'이라고 했다.

어떻게 하면 당신의 조직에서 매력적인 스토리를 뽑아낼 수 있을까? 고객의 관심을 끌 흥미로운 이야기를 어떻게 전달할 수 있을까?

우선 **매력적인 스토리의 몇 가지 특징**부터 살펴보자.

1. **진실하다.** 당신이 만들어 내는 모든 스토리는 진실해야 한다.

진짜 사람, 진짜 상황, 진정한 감정과 사실을 담아야 한다. 가능하면 말하기보다 보여 주기를 해야 한다. 고객의 삶에 어떻게 가치를 더할 수 있는지 증명해야 한다.

2. 인간적이다. 주로 다른 기업과 거래하는 회사라 해도 제품이나 서비스가 사람들의 삶에 어떤 영향을 주는지 부각시켜야 한다. 사람들에 대한 글을 쓸 때는 다음의 황금률을 지켜야 한다. '신뢰를 줄 만큼 구체적이고, 누구에게나 공감을 줄 만큼 보편적이어야 한다.'

3. 독창적이다. 스토리에는 새롭고 신선한 관점이 담겨야 한다. 당신의 회사가 지닌 흥미로운 특징은 무엇인가? 그것은 어떤 의미가 있는가? 그것은 당신의 회사에만 해당하는 독특한 이야기인가? 웹사이트나 비디오, 블로그, 그 밖에 당신이 만든 콘텐츠에서 로고를 모두 지워도 사람들은 그것이 당신의 콘텐츠임을 알아볼 수 있을까?

4. 고객을 떠받든다. 아무리 당신의 이야기라도 고객의 삶과 관계가 있어야 한다. 나는 도저히 못 봐줄 만큼 지루하거나 한심한 브랜드 스토리도 적잖이 읽어 봤는데, 진짜 주인공은 쏙 빼고 회사 자랑만 늘어놓는다는 공통점이 있었다.

훌륭한 콘텐츠라면 고객을 배제해서는 안 된다. 이야기를 만들 때는 반드시 고객을 주인공으로 내세우자. 최신 기술이나 가전제품처럼 본질적으로 따분한 물건을 팔 때조차 제품이나 서비스가 사람들의 삶에 어떤 영향을 주는지, 사람들이 왜 그것에 관심을 가져야 하는지 강조하자.

5. 장기적인 비즈니스 전략에 연결되는 빅 스토리를 만든다. 스토

리와 전략을 성공적으로 결합한 사례는 패스트푸드 회사 치폴레에서 찾아볼 수 있다. 이들은 2013년 가을에 제작한 바이럴 영상 "허수아비 *The Scarecrow*"에서 식품 산업의 암울한 현실을 심장이 오그라들 만큼 오싹하게 담아냈다.

스토리를 전략 목표와 결합하는 것은 매우 중요하다. 치폴레를 비롯한 몇몇 사례를 통해 그것이 구체적으로 어떻게 표현되는지 살펴보자.

2013년 9월 11일에 세상에 나온 치폴레의 에니메이션은 한 주도 채 지나기 전에 유튜브에서 조회수 310만, 좋아요 2만, 댓글 4,000개를 기록했다. 언론에서도 수없이 인용했다. 2014년 봄에는 조회수가 1,250만을 넘어섰다(지금도 그 수는 치솟고 있다).

내가 마케팅 업계에서 접한 가장 놀라운 결과였다. 이것을 단순히 바이럴 비디오라고만 볼 수는 없다. 스토리로 수많은 사람을 매혹시킨 콘텐츠 마케팅이라고 봐야 한다.

치폴레는 패스트푸드 회사지만 싸고 맛있는 멕시코식 점심을 가볍게 즐기라는 스토리를 전달하지 않는다. 오히려 책임감 있게 생산한 지역 먹거리에 대한 이야기를 만들었다. 애니메이션 안에 '더 좋은 세상을 만들자'라는 핵심 메시지를 담은 것이다.

그것도 회사 입장에서 '더 좋은 세상'이 아니라 철저히 고객 입장에서의 좋은 세상이다. 아이들, 닭, 소, 그리고 우리 모두를 위한 좋은 세상에 대해 이야기한다. 이 콘텐츠에 담긴 메시지는 레스토랑 체인에서 운영하는 '경작 재단'과도 연결된다. 치폴레는 이 재단을 통해 지금까지 지속 가능한 농업과 가족 농경 지원 사업에 200만 달러 이상을 기부했다.

치폴레의 애니메이션은 마케팅에 속하지만 그 의미는 마케팅 이상이다.

저가 항공사 버진 아메리카가 기내에서 사용하는 안전교육 영상역시 안전교육을 가장한 뮤직비디오이다. 여기에는 이 브랜드의 음악적 뿌리가 깊이 반영되어 있다(버진은 미국과 영국, 호주에서 뮤직 페스티벌을 개최하고 있으며 그 밖에도 다양한 음악 관련 사업을 지원한다). 또 이 영상은 '비행을 즐겁게'라는 이 회사의 핵심 가치와도 연결된다. 영상에담긴 메시지는 연방항공청의 규정을 따른 것이겠지만, 비디오가 주는 느낌은 누가 봐도 '버진'이었다.

훌륭한 빅 브랜드의 다른 예로는 2011년 마이크로소프트가 인수한 동영상 및 채팅 기술 회사 스카이프를 들 수 있다. "운명의 친구 Born Friends"라는 동영상에는 선천적으로 온전하지 못한 팔을 지닌 두 소녀가 등장한다. 아주 멀리 떨어진 곳에 살던 두 사람은 스카이프를 통해 서로를 알게 되고 결국 직접 만날 기회를 얻는다.

즉 스카이프의 스토리는 통화 품질이나 세계적인 보급률에 관한것이 아니다. 일반 전화를 음성서비스 인터넷 프로토콜(VoIP)로 바꾸라는 이야기도 아니며 데이터 패킷에 대해서는 언급조차 하지 않는다. 오히려 스카이프가 사람과 사람을 어떻게 이어 주는지를 섬세하고 인상적으로 보여 줄 뿐이다.

작은 회사라면 치폴레, 버진, 마이크로소프트만큼의 예산을 투입

할 수는 없겠지만 그렇다고 꼭 불리한 것은 아니다. 시카고에 소재한 법률회사 레번펠드 펄스테인은 직원들을 참여시켜 독특한 방식으로 빅 스토리를 전달했고, 그 결과 인간적이고 친근한 브랜드 이미지를 만들 수 있었다.

이 회사는 (구글 애널리틱스 보고서에서) 홈페이지 중에서 변호사 소개 페이지의 방문자수가 가장 많다는 사실을 확인했다. 그럴 만도 하지 않을까? 누구나 자신이 고용하는 변호사에 대해 속속들이 알고 싶어 할 테니까!

그래서 이 법률회사는 소속 변호사를 소개하는 동영상을 제작했다. 변호사들에게 질문을 던지고 그들이 대답하는 형식을 취했는데, 질문 내용이 일반적인 인터뷰 질문과는 많이 다르다. "어릴 때 꿈이 무엇이었나요?" "시간 여행을 할 수 있다면 어느 시대로 가고 싶나요?" "보물 1호는 무엇인가요?" 전문 서비스 회사로서는 매우 색다른 시도였다. 변호사 한 사람 한 사람이 어떤 사람인지 잘 알 수 있어서 나는 동영상은 물론 그 회사에까지 호감을 갖게 되었다.

회사의 규모나 특성과 관계없이 어디에나 적용되는 교훈은 다음과 같다. 빅 스토리를 집요하고 확고하게 전달하라. 어떻게 세상을 바꿀 수 있는지 보여 주라. 스카이프처럼 원대한 차원의 변화(사람과 사람의 마음을 이어 준다)여도 좋고, 레번펠드 펄스테인처럼 사소한 변화(변호사에게 친근하고 쉽게 다가갈 수 있게 한다)여도 좋다.

당신이 궁극적으로 만들려는 콘텐츠가 무엇이든 탄탄한 스토리로 뒷받침해야 한다. 당신을 대신해 콘텐츠를 만드는 사람이 있다면 그들 역시 당신의 스토리를 충분히 이해하고 반영해야 한다. 그 콘텐츠가 당신의 빅 스토리를 전달하는지, 당신의 사명에 부합하는지 따져 봐야 한다.

빅 스토리를 강조하면 자기만의 독특한 색깔도 분명히 전달할 수 있다(경영대학원에서는 이것을 상황에 따라 가치제안, 포지셔닝, 독자적 판매제안 등으로 부른다). 그리고 자기만의 색깔을 명확하게 전달하면 장기적으로 성공할 가능성도 높아진다.

기본을 이해했다면 다음 질문을 시작으로 스토리를 만들어 보자.

1. 당신의 비즈니스가 지닌 독특한 특징은 무엇인가?
2. 비즈니스의 설립 과정에서 흥미로운 점은 없었나? 창립자는 어떤 사람인가?
3. 우리 회사는 어떤 문제를 해결하려 하는가?
4. 우리 회사에 영감을 주는 것은 무엇인가?
5. 우리 회사가 큰 깨달음을 얻었던 순간은 언제인가?
6. 우리 회사는 어떻게 발전해 왔나?
7. 우리 회사는 비즈니스와 고객, 우리 자신에 대해 어떻게 인식하고 있는가?
8. 우리 이야기를 너무 노골적이지 않게 전달하는 방법은 없을까? 사례보다 비유를 사용하면 어떨까?
9. 우리에게는 평범하고 흔한 일이지만 다른 사람들은 특별하다

고 여길 만한 것은 없을까?

10. 가장 중요한 것은 비전을 전달하는 것이다. 우리 회사는 세상을 어떻게 바꿀 것인가?

마지막 질문이 특히 중요하다. 빅 스토리의 핵심이기 때문이다. 당신은 세상을 어떻게 바꿀 생각인가? 아주 조금이라도, 우리 모두를 위해 어떻게 더 나은 세상을 만들 것인가?

Rule 39

당신만이 할 수 있는
이야기를 들려준다

이것은 실제로 한 공공회계 회사 홈페이지에서 가져온 문구다.

〈○○회사〉는 ××시에 소재한 공인 공공회계 업체로 꼭 필요한 전문서비스를 적시에 제공하는 것을 목표로 합니다. 〈○○회사〉는 2002년에 설립된 이후 지속적으로 성장하고 있으며 새로운 회계 서비스를 제공할 전문적 역량을 갖추고 있습니다.

다음은 5분 전에 내 받은편지함에 들어온 포춘 500대 기업 '○○솔루션'의 실제 보도 자료다.

〈○○회사〉는 오늘 일자로 자사의 브랜드와 경쟁력에 대한 소비자의 온라인 채팅을 모니터하는 비즈니스를 출범하여, 회사의 역량을 강화하고 차별화된 사용자 경험을 제공하기 위한 기반을 마련했다.

다음은 다른 보도 자료의 일부다.

다양한 데이터 출처와 수준 높은 분석 기술을 바탕으로 고객을 위해 최선의 결과를 제공하는 우리 회사의 능력은 이미 검증되었다.

다음은 링크드인 홈페이지의 회사 소개다.

본사는 최신 경영이론과 최첨단 웹 기술 및 서비스로 무장하여 차세대 비즈니스에 대비하고 있는 미래지향적 컨설팅 서비스 회사입니다. 우리는 다양한 전문 기법을 복합적으로 적용하여 혁신적인 미래 비즈니스 모델을 개발하고 있으며 대기업의 성과 개선 역량을 제고하기 위해 최선을 다하고 있습니다.

이런 글을 보면 작가들은 전문용어를 써야만 돈을 받을 수 있는 것 같다.

위에 소개한 문구들은 특정 회사에만 해당하는 내용이 아니므로 회사 이름을 바꿔도 전혀 어색하지 않다는 점이 문제다. 당신의 회사를 차별화하는 것은 무엇인가? 당신만의 독특한 이야기는 무엇인가? 당신이 누구인지 말하지 말고 독자에게 어떤 의미가 있는지를 말해야 한다.

"오로지 당신만이 들려줄 수 있는 이야기를 시작하세요. 당신보다 글을 잘 쓰거나 똑똑한 작가는 세상에 얼마든지 있으니까요. 사실 무슨 일을 하든 뛰어나게 잘하는 사람은 있습니다. 그러니 당신만이 할 수 있는 일을 해야 하죠."

작가 닐 제이먼이 2011년 팟캐스트에서 한 말이다.

Rule 40

독특한 관점과
목소리로 표현한다

__산문에서는 문체가 모든 것을 결정한다.__

마크 트웨인에 따르면 훌륭한 작가는 문장을 이렇게 다룬다고
한다.

긴 문장을 쓸 때도 있지만 그 안에는 의미가 겹치는 부분이 없고, 전
체적으로 모호한 부분이나 삽입 어구도 없어야 한다. 문장을 마무리하
고 나면 그것은 물 밑에 똬리를 숨기고 있는 바다뱀이 아니라 횃불의
행렬이 되어야 한다.

그는 글을 명확하고 간결하게 쓰라는 얘기를 하고 있다. 전에도
후에도 누군가가 했을 법한 말이다. 하지만 그는 같은 말이라도 독
특한 관점과 목소리로 표현했다.

마크 트웨인처럼 천재 작가가 되어야 한다는 얘기는 아니다. 자기

만의 독특한 시각과 목소리를 연마해야 한다는 뜻이다.

'목소리' 역시 ('스토리'처럼) 비즈니스의 세계에서 사용하기에는 추상적이고 고상하게 들린다. 그러나 그 개념은 매우 단순하다. 브랜드의 목소리는 회사의 성격과 관점을 반영한다. 성격은 '글을 읽을 때 어떤 느낌을 주는가'에서 나타나며, 회사를 차별화하는 중요한 요소이므로 충분한 시간을 들여 개발해야 한다. (성격을 개발하는 회사는 실제로 많지 않으므로 한발 앞서 나갈 기회가 될 수 있다!)

《브랜드스케이핑 Brandscaping》의 저자 앤드류 데이비스는 내게 이렇게 말했다. "유용한 콘텐츠를 갖추지 못했다면 독특한 목소리라도 지녀야 합니다. 목소리는 일종의 연결고리입니다. 당신을 특별하게 만들어 주고 사람들과 이어 주는 수단이니까요."

워싱턴 DC에서 활동 중인 웹 콘텐츠 전략가이자 《디지털 왕관 The Digital Crown》의 저자 아하바 레입타그에 따르면 독특한 목소리는 자신이 누구인지 정확하게 이해하는 데서 비롯된다고 한다. "목소리는 브랜드만의 고유한 특징과, 경쟁자와 차별화하려는 고민에서 나온다." 당신은 우아한가? 소탈한가? 재미있는가? 과묵한가? 진지한가? 신랄한가? 믿을 만한가? 유행을 앞서가는가? 헌신적인가? 자신을 가장 잘 대변하는 형용사 서너 개를 골라 성격 특성을 글로 표현해 보자.

또한 목소리는 콘텐츠에 대한 전반적인 인상과 느낌을 결정한다. 일반적으로 마케팅에 해당되지 않는다고 인식되는 부분에서도 사람들에게 당신이 지닌 일관된 분위기를 전달할 수 있다.

버거킹은 단순한 에러 메시지에서도 아래와 같이 자기만의 목소리로 개성을 표현한다.

▲ 버거킹 사이트에서 볼 수 있는 에러 메시지 중 하나(아하바 레입타그 제공).

모바일 앱 톡투(TalkTo)의 모바일 업데이트 메시지도 눈여겨볼 만하다.

한마디로 웹사이트, 모바일 업데이트, 에러 메시지 등 고객과의 모든 커뮤니케이션에서 당신의 목소리를 차별화 도구로 생각할 수 있다는 것이다. 매장 내에 설치하는 간판 등 사회적 존재감을 드러내거나 목표 고객과 교류하는 다른 모든 장소에서도 마찬가지다.

한 가지 덧붙이자면, 다양한 상황에서 어조를 어떻게 표현할지도 생각해 봐야 한다. 목소리는 변하지 않지만 어조는 어떤 감정을 전달하는가에 따라 달라져야 한다.

"브랜드 이미지가 아무리 발랄하더라도 잔뜩 뿔이 난 고객에게 까

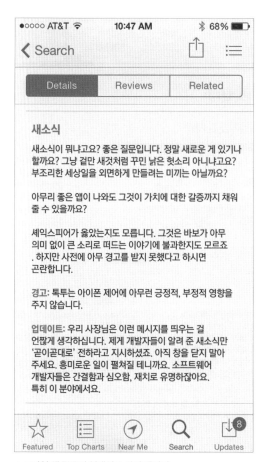

▲ 모바일 앱 톡투의 업데이트 관련 메시지.

불대는 어조로 e메일을 쓴다면, 고객은 마음을 닫아 버릴 수 있습니다." 아하바의 말이다.

기내 인터넷 서비스 회사 고고 인플라이트는 재미있고 친근하고 소탈한 목소리를 유지하되 상황에 따라 어조를 조금씩 바꾼다. 아래 페이지에서 고고는 기내 모바일 서비스의 운영 방법을 유쾌하고 따

고고의 운영 원리

와이파이가 비행기를 탄 사연

축하합니다. 여러분은 곧 세계 최초로 무선 광대역 네트워크를 기내에 도입한 순간을 목격하게 됩니다. 단순한 기지국 안테나가 혁신적인 엔터테인먼트로 변신하는 과정을 확인하세요. 고고 기내 온라인 서비스.

기술 스펙

고고는 빠른가요? 하늘은 푸른가요? 고고는 하늘에서도 지상의 모바일 광대역 서비스에 못지않은 서비스를 제공합니다. 와이파이용 기기, 고고 계정, 고고만의 특별한 기내서비스를 경험하겠다는 열정만 있으면 됩니다

자주 묻는 질문

고고 사용을 위한 최소한의 요구조건은 무엇인가요?
내 장치에 와이파이가 활성화되었는지 어떻게 알 수 있나요?
비행 중에 와이파이를 사용해도 안전할까요?
고고 인플라이트 포털은 얼마나 안전한가요?

▲ 고고 인플라이트 사이트의 운영 원리 소개 페이지.

뜻하며 발랄한 어조로 소개한다.

고고는 FAQ 페이지에서도 특유의 친근한 목소리를 유지하고 있지만 통통 튀는 어조보다는 뭐든지 기꺼이 돕겠다는 진지한 톤을 채택했다. 이 페이지를 방문하는 사람들은 인터넷 접속이 순조롭지 않아 짜증이나 불만이 이미 쌓일 대로 쌓였을 것이다. 이럴 때 지나치게 발랄한 어조는 고객의 비위를 거스를 수 있다는 사실을 고고는 이미 영리하게 파악하고 있다.

▲ 고고 인플라이트의 FAQ 페이지.

Rule 41

사례보다는 비유를 사용한다

<u>스토리를 전달하는 방식이</u> 꼭 세상 어디에도 없는 독창적인 방식일 필요는 없다. 메이슨 쿨리 교수가 말했듯 "예술은 모방에서 시작해 혁신에서 끝난다." 그러니 때로는 다른 사람들이나 다른 회사, 심지어 업계 밖 세계에서 무엇을 하고 있는지 기웃거릴 필요가 있다.

마케팅 전문가 세스 고딘 역시 여러 차례 이런 취지의 말을 한 적이 있고 나도 이 말을 굳게 지지한다. 그러니 망설이지 말고 당신이 속한 업계에서 효과가 입증된 마케팅 전략의 사례를 찾아보자. 고딘은 블로그에 이런 말까지 남겼다. "때로 혁신은 저쪽 분야에서 통했던 전략을 이쪽 분야로 가져오는 것을 뜻한다."

이 책에서 소개한 콘텐츠의 예를 생각해 보자. 버진은 기내 안전 교육을 위해 MTV의 음악에 맞춰 춤을 춘다. 허브스폿은 〈피플〉의 지면 형식을 빌려 온다. 그리고 매사추세츠 의회 후보자 칼 쇼티노는 스토리텔링 형식의 동영상으로 정치 캠페인에 새로운 유행을 불러왔다.

이 동영상의 핵심에는 흥미로운 이야기가 있다(단지 정치 구호만을 내세우지 않는다). 아들과 아버지의 의견이 충돌하지만 결국 갈등이 해소된다는 이야기가 담겨 있다.

쇼티노는 자신을 돋보이게 할 전형적인 광고 공식을 따를 수도 있었을 것이다. 자신의 진보적인 가치를 열거하거나 선택권에 대한 신념을 보여 줄 수도 있었을 것이다. 하지만 그렇게 했어도 지금처럼 주목을 받았을까? 아닐 것이다. 천재적인 동영상 제작자인 팀 워셔는 이렇게 말한다. "사실 그건 이야기가 아니에요." 감정이입이 되지 않기 때문이다. 또 시청자들이 자신을 쇼티노와 연관시키기도 어렵다. 감동도 없다.

물론 이 영상의 빅 스토리는 쇼티노의 성품이다. 동영상을 보면 그가 어떤 후보인지 깊이 이해할 수 있다. 또 쇼티노가 자신과 생각이 다르거나 같은 편이 아닌 사람들과도 함께 일할 수 있는 정치인이라는 점을 은근히 강조한다.

이번에도 다른 분야에서 빌려온 형식이 역시나 참신함을 안겨 주었다. 쇼티노는 전형적인 정치 캠페인의 형식에만 기대지 않고 스토리텔러의 수법을 빌렸다. 자기 자신의 이야기를 쓴 것이다. 대부분의 조직, 브랜드, 모임, 교회, 비영리단체, 정치인 등은 아직 그 정도 수준에 이르지 못했다. 그들은 여전히 콘텐츠 창작을 폭넓은 마케팅 캠페인의 작은 일부로 생각한다. 그러나 쇼티노는 자신의 기회를 낭비하지 않았다. 그는 흥미진진한 스토리를 정치에까지 끌어왔다.

쇼티노가 주는 교훈은 한 가지 더 있다. 혁신은 예산이 아니라 아이디어라는 교훈이다. 쇼티노는 동영상 제작에 큰 예산을 들이지 않았지만 진실한 이야기를 전달했기 때문에 큰 효과를 볼 수 있었다.

Q: 오늘날 이렇게 마법 같은 결과를 얻기 위해 스토리텔러를 찾는 캠페인 매니저는 몇 명이나 될까?

A: 그들 모두

PART
04

발행 규칙:
저널리즘의 핵심 가치에
관용을 더하다

Part 4

　'우리 모두는 발행인이다'라는 슬로건을 채택한 회사는 많아도 발행의 기본 원칙을 충분히 이해하고 있는 회사는 드문 것 같다.

　창작의 책임을 지고 있는 콘텐츠 마케터가 어떤 사람들이든 그들은 출판 업계, 특히 언론계에서 많은 것을 배울 수 있다. 사실 발행인의 사고방식을 갖는 것만으로는 부족하고, 행동도 발행인다워야 한다.

　얼마 전에 나는 어떤 회사가 마케팅프로프스의 콘텐츠를 무단 도용한 사실을 알게 됐다. 그 도둑들은 우리 자료에서 브랜드명과 식별 표지만 지워 없애고 자기 것인 양 그대로 가져다 썼다.

　내가 알기로 인터넷 상에서는 비슷한 일이 노상 일어난다. 콘텐츠를 마구 긁어모은 다음 저작권이나 저자는 무시한 채 다른 곳에서 다시 발행하는 것이다.

하지만 이번 일은 특히 불쾌하게 느껴졌다. 도용 당한 그 자료는 우리 팀이 특별히 자랑스럽게 여기던 콘텐츠였기 때문이다. 그렇게 훌륭한 결과물(이 콘텐츠는 비즈니스에도 큰 도움이 되었다)을 내기 위해 우리가 얼마나 많은 시간을 쏟아부었는지 모른다. 이번 도용 건은 직접적인 저작권 침해라기보다 윤리의 문제였다. 그리고 그것은 블로그 포스트 하나를 그대로 복사해 붙여넣기한 정도가 아니라 우리가 오랜 시간 공들인 아이디어와 결과물을 몽땅 훔쳐 간 것이었기 때문에 특히 속이 상했다.

브랜드의 입장에서 콘텐츠 창작과 소셜미디어는 엄청난 기회가 될 수 있다. 그러나 그들처럼 비열한 수단을 동원한다면 욕을 먹는 것은 물론이고 자신의 평판과 브랜드, 비즈니스에 먹칠을 하게 된다.

콘텐츠 관리 플랫폼인 콘텐틀리는 브랜드를 대표해 콘텐츠를 창작하는 사람들은 전문 기자들보다 더 엄격한 윤리 기준을 따라야 한다고 주장한다. 사람들은 브랜드가 만들어 낸 것이라면 특히 삐딱하게 보는 경향이 있기 때문이다.

"콘텐츠 마케팅의 법적 지위와 상업적 동기를 고려할 때 일반 저널리즘보다 더 엄격한 보고 기준을 적용해야 한다." 콘텐틀리의 공동창립자 셰인 스노우의 말이다. 그는 콘텐츠 제작자와 브랜드 발행인 모두 '정직, 성실, 신뢰, 책임이라는 저널리즘의 핵심 가치'를 굳게 지키라고 당부했다.

나는 셰인이 주장하는 가치에 '관용'을 덧붙이고 싶다. 저널리즘 고유의 가치는 아니지만 오늘날의 콘텐츠 제작자에게 꼭 필요한 마음 자세라고 생각한다. 우리는 독자에게 소중한 콘텐츠를 대가없이 너그럽게 퍼주어야 한다. 그리하면 사람들의 신뢰와 믿음을 쉽게 얻을 수 있다. 사람들은 당신이 유용한 콘텐츠를 만들어 후하게 나누어 준 것에 감사할 것이다.

Rule 42

잠깐, 브랜드 저널리즘이
뭐였더라?

막막하기만 한 콘텐츠 창작에 도움을 받기 위해 전통적인 저널리즘 기법을 활용하는 기업도 있다. 언론대학에서 저널리즘 기법을 익힌 전문가들을 사내 브랜드 저널리스트로 채용하는 것이다.

브랜드 저널리스트, 즉 사내 기자는 회사에 소속되어 고객에게 가치를 전달할 동영상, 블로그 포스트, 사진, 웨비나(웹과 세미나의 합성어로, 인터넷 상에서 열리는 회의), 도표, 그래프, e북, 팟캐스트 등을 만드는 사람을 뜻한다.

이러한 콘텐츠 창작자들은 브랜드에 대한 스토리와 상품과 서비스가 고객에게 주는 의미를 스토리로 만들어 회사의 진실한 이야기를 흥미롭게 전달한다. 이런 이야기를 인간적이고 친근한 방식으로 소개하여 회사, 고객, 직원 사이의 대화를 촉진한다.

브랜드 저널리스트는 이렇게 기자 특유의 감수성을 콘텐츠에 불어넣어 브랜드를 확립한다. 이 방법은 회사 중심의 메시지를 전달하는 것보다 고객의 요구를 우위에 두고자 할 때 특히 유용하다. 고객을 이해하는 감각을 타고난 저널리스트의 경우 콘텐츠를 창작하기 위해 책상 앞에 앉을 때마다 누군가가 뒤에서 '이런 걸 누가 읽겠어'라고 속삭이는 목소리를 듣는다. 콘텐츠를 창작할 때마다 그런 식으로 자신을 압박하면 브랜드에도 유익하고, 진정성을 높이는 데도 도움이 된다.

그것을 정말로 저널리즘이라 할 수 있을까?

브랜드 저널리즘에는 과연 진정성이 깃들어 있을까? 브랜드 저널리스트를 진짜 저널리스트로 볼 수 있을까?

비록 공정성은 떨어지지만 브랜드 저널리즘도 저널리즘의 일종이다. 브랜드 저널리스트는 일반 기자와 달리 회사에 대한 부정적인 내용은 발행하지 않는다. 비슷한 일을 하더라도 그들은 엄연히 다르므로 나는 브랜드 저널리스트가 전통적 의미의 뉴스 보도를 한다고는 주장하지 않겠다. 그러나 세상에는 두 종류의 기자가 모두 필요하다.

나는 브랜드 저널리스트라는 용어가 마음에 든다. 이 용어만 봐도 누구나 그 의미가 무엇인지, 그가 어떤 일을 하고 어떤 일을 하지 않는지 대번에 알 수 있다.

회사 소속 저널리스트는 전형적인 취재기자라기보다 스토리텔러에 가깝다. 모든 저널리스트는(브랜드 편에 속하든 아니든) 사실을 취급한다. 그들은 진실한 스토리를 효과적으로 전달하는 법을 안다. "모든 훌륭한 보도의 기둥은 진실입니다." 〈보스턴 비즈니스 저널〉의 기자였던 제시 노이스는 이렇게 말했다. 그는 B2B 기업 엘로콰(현재는 오라클에 인수됨)의 사내 기자로 일한 경험이 있으며, 지금은 마케팅 기술 회사 카포스트에서 콘텐츠 마케팅을 책임지고 있다.

하지만 제시의 말은 사내 보도에 더욱 적합하다. "당신이 추구하는 것은 진실을 조사하는 과정을 직관적이고 의미 있는 방식으로 결합하는 이야기입니다. 진실을 파헤치되, 진실에 입각한 스토리에 녹아 있는 의사 결정, 관련 인물, 인간의 꾸밈없는 감정도 조명해야 합니다."

브랜드 저널리즘은 2004년에 당시 맥도날드의 최고마케팅경영자였던 래리 라이트가 만든 용어다. 그는 업계 행사의 연설에서 맥도날드가 그것을 새로운 마케팅 전략으로 채택했다고 밝혔다. 그때 이후로 이 용어는 진화를 거듭해 회사 내부에서 제작하는 미디어에 대한 접근법과 목적을 뜻하는 말로 정착되었다. 그러나 고객 위주의 마케팅과 회사 위주의 마케팅에 대한 기본 개념은 지금까지도 변함이 없다.

콘텐츠 창작에 저널리즘의 방식을 적용하는 개념은 지난 몇 년간 큰 관심을 얻게 되었다. 허브스폿은 〈뉴스위크〉, 〈포브스〉에서 근무했던 기자 댄 라이언스를 마케팅 연구원으로 고용했다. 퀄컴은 전직 〈USA 투데이〉 편집자 미셸 케슬러에게 콘텐츠 전략의 총 지휘를 맡겼다. 보잉, 홈데포, 제너럴 일렉트릭, 플로리다 여행관광위원회 같은 회사들도 콘텐츠 제작 책임자 또는 실무자로 기자를 고용했다.

댄 라이언스는 이렇게 말했다. "브랜드는 콘텐츠가 아쉬운데, 기자들은 콘텐츠 제작의 고수들이니까요. 기자들은 이야깃거리를 찾아내고 효과적으로 전달할 줄 아는 타고난 이야기꾼이죠. 제3자의 관점에서 비판적인 시각을 더하기도 합니다. 회사에 따라 그런 태도가 도움이 될 수도 있고 안 될 수도 있지만요."

브랜드 저널리즘은 어떻게 운영되는가?

GE는 브랜드 저널리즘의 모범 사례를 잘 보여 주는 기업이다. GE는 혁신과 과학, 기술 관련 스토리와 논평을 다루는 일간 온라인 잡지 〈GE리포츠〉(www.gereports.com)를 발행한다. 이 잡지는 과학 전문지 〈파퓰러 사이언스〉와 견주어도 부족함이 없다. 나는 〈GE리포츠〉 사이트에 들렀다가 GE가 뉴질랜드 화산호의 녹조 현상을 완화하기 위해 개발한 바이오 리액터 관련 기사에 몇 분간 흠뻑 빠져들었다. 정말 예상치 못한 일이었다.

댄 라이언스는 허브스폿에서 발행한 e북에서, GE의 접근법이 오늘날 **브랜드 저널리즘에서 흔히 사용하는 네 가지 방법** 중 하나라고 지적한다.

1. 브랜드 인지도 높이기. 사람들에게 당신의 회사가 어떤 곳인지

알리고 그들이 브랜드의 가치와 의미에 친숙해지길 원한다면 회사의 빅 스토리를 널리 알리는 데 역량을 집중한다. 하지만 그런 기사가 곧바로 매출 증가로 이어질 것이라고 기대해서는 안 된다.

- 예: 〈GE리포츠〉는 GE의 혁신에 초점을 맞춘다. 전구, 제트엔진, 금융 서비스를 판매하려는 상술은 찾아볼 수 없다.

2. 업계 소식지 발행. 당신의 회사와 해당 업계에 관한 보도 자료와 기사를 쓴다. 주류 언론에서 미처 다루지 않는 소식을 보충하는 것(때로는 주류 언론의 관심을 끌어 매스컴을 타는 것)이 목적이다.

- 예: '인텔 프리프레스'(Intel Free Press)는 2010년에 시작된 인텔의 기술 뉴스 사이트다. 프리프레스는 "다른 어떤 곳에서도 다루지 않는 스토리를 실어 주류 언론에서 그것을 스스로 채택하도록 유도한다"라고 댄 라이언스는 말했다.

3. 창작과 후원. 당신의 회사가 혁신 리더로 자리 잡길 원한다면 회사의 생산 품목에 얽매이지 않는 독립된 사이트를 만들어 목표 고객에게 도움을 줄 수 있다.

- 예: '회사의 성장을 돕는다'라는 구호로 오픈뷰 랩(Openview Laps) 사이트를 발행하는 벤처 캐피탈 회사 오픈뷰 벤처파트너스가 있다.

이들은 구호에서 왜 '우리의 투자 회사'가 아닌 '회사'라고 했을까? 오픈뷰 랩은 오픈뷰가 지원하는 회사뿐 아니라 성장 중인 모든 회사에 관심을 갖고 있기 때문이다. 다시 말해 오픈뷰는 이 사이트에서 저널리스트처럼 중립적인 접근 방식을 선택하여 빅 스토리에 다가간다.

4. 잠재 고객 확보. 콘텐츠를 잠재 고객의 확보와 그들을 고객으로 전환하는 수단으로 이용할 수 있다. 허브스폿이 좋은 예다. 허브스폿은 잠재 고객을 염두에 두고 콘텐츠를 제작한다. 블로그의 기사나 포스트 대부분은 등록 절차 이후의 혜택을 약속하는 행동유도장치를 포함한다(혜택을 받으려면 방문자는 반드시 이메일 주소를 제공해야 한다). 이렇게 등록을 유도하여 확보한 잠재 고객의 정보는 영업부서로 전달된다.

물론 네 가지 모델을 섞은 방식도 있다. 각 접근법에 잠재 고객 확보와 구독 모델(이용자가 콘텐츠 이용에 정기적으로 대가를 지불하는 비즈니스 모델—옮긴이)이 결합되는 방식이 일반적이다. 그것은 브랜드 저널리즘의 운영 원리에 대한 매우 포괄적인 관점이다.

댄 라이언스는 회사를 대변할 저널리스트를 고용하는 데는 장단점이 있다고 한다. 장점은 기자들의 경우 일을 신속하게 처리하는 훈련을 받아온 터라 짧은 시간 내에 많은 콘텐츠를 쏟아낼 수 있다는 점이다.

한편 기자들이 주로 독립적으로 업무를 수행한다는 점은 단점이 될 수 있다. 그들은 협업에 익숙하지 않고 비판적, 냉소적인 성향이 있어 조직문화에 쉽게 적응하지 못할 수 있다. "쌍방 모두 잠재적인 갈등이 무엇인지 인식하여 장점과 단점 사이에서 조금씩 타협을 해야 합니다." 댄의 말이다.

Rule 43

진실을 말한다

<u>브랜드를 대표하는 콘텐츠는</u> 그야말로 신뢰가 생명이다. 독자에게는 한결같이 정직해야 한다.

기자들처럼 글에 진실, 공정성, 성실, 책임감을 담아야 한다는 뜻이다. 또한 취재원을 밝히고, 콘텐츠를 객관적인 데이터로 뒷받침하고, 자신의 견해에도 편견이 개입될 수 있음을 인정하고, 출처에 폭넓게 링크를 걸고, 윤리적으로 인용하고, 모든 관계자와 스폰서를 밝히고, 갈등이나 잠재적 편견을 밝히며, 익명의 출처를 제한해야 한다는 뜻이다.

또한 진실을 말하는 것은 진짜 사람, 진짜 상황, 진짜 감정, 진짜 사실을 다루는 것이다. 당신과 회사의 입장을 벗어나 객관적인 사례와 인터뷰, 관점을 제시해야 한다.

콘텐츠는 가능하면 말하기보다 보여 주어야 한다. 당신의 제품을 고객의 스토리, 외부의 의견, 예시와 설명, 전형적인 뉴스 보도와 함께 세상에 있는 그대로 보여 주어야 한다.

댄 라이언스는 내게 말했다. "나는 취재기자들이 책상을 벗어나 세상으로 나가야만 훌륭한 뉴스를 만들 수 있다고 믿어요. 콘텐츠에 다른 이들의 목소리를 포함시키면 브랜드에 대한 대중의 인식을 높일 수 있습니다."

이것은 진실한 이야기를 전달하는 방법인 동시에 회사보다 고객을 중심에 두는 콘텐츠를 만드는 방법이다.

Rule 44

'콘텐츠의 순간'은
어디에나 있다

세계에서 세 번째로 큰 소프트웨어 회사 오라클이 2013년 10월에 콘텐츠 관리 회사 컴펜디엄을 인수했을 때, 나는 제시 노이어스가 그 일이 있은 지 한 시간 만에 보낸 e메일을 읽고 그 소식을 알게 되었다. 인수에 관한 그의 글에 대해 논평을 해 달라는 내용이었다.

전직 기자였던 제시는 컴펜디엄의 경쟁사 카포스트의 콘텐츠를 책임지고 있다. 그날 아침에 제시는 그의 상사인 카포스트의 CEO 토비 머독이 그 인수 건에 대한 의견을 정리해 이미 카포스트 블로그에 올렸다는 소식도 전했다.

정말 대단한 일 아닌가?

카포스트는 그 일이 있고 채 한 시간도 지나지 않아 나를 비롯한 많은 사람에게 소식을 퍼뜨렸다. 카포스트는 이 사건이 콘텐츠 마케팅 업계에서 얼마나 큰 의미가 있는지 대번에 알아채고 발빠르게 움직여 다음과 같은 조치를 취했다.

◆ 경쟁자에 대한 소식을 본질적으로 전혀 관계없는 스토리에 삽입한다.

◆ 뉴스를 이용해 혁신 리더가 된다. 즉, 보도 기사를 폭넓은 영향력을 지니는 트렌드로 확대한다.

◆ 여론 주도층의 관심을 재빨리 확보하고 업계 전문가들과도 접촉하여 심도 있는 토론의 장을 마련한다.

◆ 이런 조치를 통해 이 소식에 대한 업계 내부의 견해를 찾는 주류 미디어의 주목을 받을 가능성을 높인다.

저널리스트들은 이야기의 소재를 찾아내어 폭넓은 독자에게 호소하는 스토리로 발전시키는 감각이 뛰어나다. 하지만 그들이 업계에 주는 중요한 교훈은 따로 있다. 콘텐츠의 순간은 어디에나 있으므로 우리는 그것을 찾아내기만 하면 된다는 것이다. 우리 자신이 새 소식의 일부가 되는 것을 의미할 때도 있지만 폭넓은 트렌드를 활용하는 것을 뜻하기도 한다.

카포스트의 조치는 마케터이자 작가인 데이비드 미어먼 스코트가 말하는 뉴스재킹, 즉 화제가 되는 뉴스에 자신의 이야기를 끼워 넣는 수법의 좋은 예다. 카포스트의 조치는 데이비드가 같은 제목의 저서 《뉴스재킹 Newsjacking》에서 소개한 사례와 비슷하다. 이 책에는 마케팅 소프트웨어 제공업체 엘로콰의 전임 CEO 조 페인이 2010년에 경쟁사 마켓투리드가 오라클(이번에도!)에 매각된 사건을 뉴스재킹했다고 되어 있다. 이 뉴스가 나오자 조는 (3년 후 카포스트의 토비가

그랬던 것처럼) 기다렸다는 듯 모든 조치를 일사천리로 진행했고 블로
그 포스트도 신속히 올렸다.

기업의 리더들은 콘텐츠 마케팅을 이용해 혁신 리더로 거듭나고
싶어 하지만, 혁신 리더가 되는 확실한 방법은 역시 남들보다 한발
앞서는 것이다!

이 말은 진행 중인 유행과 사건의 일부가 될 기회를 찾으려면 뉴
스의 사이클을 눈여겨봐야 한다는 뜻이다. 핵심은 다름 아닌 타이밍
이다. 대중의 관심을 잃고 있는 뉴스가 아닌 이제 막 화제로 떠오르
기 시작하는 뉴스를 찾는 것이 중요하다. 데이비드 미어먼 스코트는
뉴스에 올라탈 시점을 도표로 설명했다.

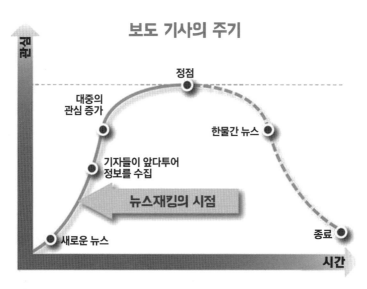

※ 출처: 데이비드 미어먼 스코트의 허락을 받고 게재.

나도 얼마 전에 뉴스재킹에 직접 개입한 적이 있다. 페이스북의 최고운영책임자 셰릴 샌드버그가 '밴 보시(Ban Bossy)' 캠페인(여자아이에게 부정적으로 쓰였던 'bossy'(나댄다)라는 말을 추방하여 여성의 적극성을 꺾지 말고 진정한 리더십을 키워 주자는 캠페인—옮긴이)을 시작한 2014년 3월의 일이었다. 샌드버그와 미국 걸스카우트가 손을 잡고 대대적인 소셜미디어 캠페인과 매스컴 홍보, 콘텐츠 프로그램을 통해 'bossy'라는 단어를 몰아내는 운동을 개시했다는 소식을 접한 나는 몇 시간 내에 초기의 생각을 글로 정리했다.

그렇게 나온 포스트는 우리 사이트의 트래픽과 참여율을 전례 없이 높이는 한편, NPR 샌프란시스코 방송국과 연합방송 AP 등 주류 매체의 관심을 얻었다. 결국에는 나의 십 대 딸아이까지 ABC뉴스에서 인터뷰를 하게 되었다.

콘텐츠의 순간은 어디에나 있으며 언제든 찾아올 수 있다. 그 순간이 찾아오면 즉시 덮칠 수 있도록 늘 준비하고 있어야 한다. 카포스트의 제시 노이어스는 이렇게 조언한다. "마감 시간이 아주 촉박하다고 생각하고 재빨리 끝내야 합니다."

제시에 따르면 그것은 스토리와 관련 인물을 검토하고 실제로 글을 써내는 과정을 하루 안에 모두 끝내야 한다는 뜻이다. 그는 이렇게 덧붙였다. "제가 신문기자로 일하던 시절에는 하루에 기사 두세 건을 써내기도 했어요. 그런 능력은 마케팅의 세계에서도 잘 통하죠."

뉴스재킹은 분명 사람들의 관심을 얻는 좋은 방법 중 하나지만, 콘텐츠의 순간은 자신이 속한 업종 밖의 화젯거리나 사건에서도 얼마든지 찾을 수 있다.

한 가지 훌륭한 예는 뉴욕 공공도서관의 인스타그램 '3월의 광란' 대결이다. 원래 '3월의 광란'이란 매년 3월에 치러지는 미국 대학 농구 토너먼트지만, 뉴욕공공도서관에서는 쟁쟁한 유명한 작가들을 대상으로 토너먼트식 인기투표를 실시했다. 팔로워들은 좋아하는 작가에 투표를 할 수 있고 이긴 작가가 결승으로 진출하는 식이었다.

손해보험 정보를 발행하는 사이트인 프로퍼티캐주얼티360 (PropertyCasualty360.com)은 "보험사가 고질라의 공격에 대처하는 4가지 방법"이라는 기사를 냈다. 자연재해로 생길 수 있는 재산과 인명 피해 문제를 유쾌하고도 진지하게 다룬 글이다. 이 사이트는 2014년 봄 "고질라" 리메이크작 개봉 시기에 맞춰 이 기사를 발행하면서 이런 설명을 덧붙였다. "여름철 블록버스터를 보면서 보험증서의 문구, 예외조항, 국제표준화기구 ISO 양식을 떠올린 적이 있나요? 당신만 그런 게 아닙니다."

인기 작가인 닥터 수스와 데이비드 세다리스는 농구와 무슨 관계가 있을까? 고질라는 보험과 무슨 관계가 있을까? 실은 아무 관계도 없다. 하지만 그들은 대중문화를 시의적절하고 재치 있게 활용했다. 이것이 바로 뉴욕 공공도서관과 프로퍼티캐주얼티360이 찾아낸 콘텐츠의 순간이다.

Rule 45

공유할 가치가 있는
포스트 뉴스

<u>회사들은 종종 내부적인</u> 발전 상황을 보도할 가치가 있는 뉴스인 양 포장한다. 전혀 흥미롭지 않은 소식일 때도 말이다. 이를테면 그들은 제품의 사소한 품질 개선이나 직원 신규 채용, 그 밖에 너무 따분해서 여기에 예로 들기조차 꺼려지는 소식을 블로그에 포스팅한다. 그런 소식이 받은편지함에 도착하면 나는 읽지 않고 바로 삭제한다.

나는 회사들이 왜 이런 짓을 하는지 도무지 모르겠다. 거대한 자의식과 빈약한 콘텐츠 감각을 지닌 간부들의 취향에 맞추려는 것일까? 아니면 사람들을 얼마나 짜증나게 만드는가를 기준으로 홍보 담당자에게 성과급을 지급하는 걸까?

이유는 잘 모르겠다. 다만 그런 사람이 되지 말아야겠다는 생각은 하게 된다.

언론 분야의 주요 저서 《마감까지 써라 *Writing to Deadline*》에서 도널드 머레이는 이야기의 초점이나 핵심을 잡는 방법에 대해 이렇게 말한다. "독자가 남편을 향해 몸을 돌리며 '이것 좀 들어 봐요, 마이클?'이라고 말하게 하려면 어떻게 해야 할까?"

머레이가 공유할 가치가 있는 이야기와 없는 이야기를 구분하는 법에 대해 전하고 있는 것은 아니지만, 이 질문은 훌륭한 여과장치가 될 수 있다. 당신이 마이클의 아내를 독자로 겨냥하고 있지 않다 해도 그녀를 독자의 대리인으로 보고 '독자가 이것을 알면 도움이 될까?'라는 질문을 스스로에게 던져볼 필요는 있다.

답이 '예스'라면 공유할 가치가 있는 뉴스라는 뜻이다. 답이 '노'인데도 굳이 언론에 발표해야겠다면 그렇게 하라. 하지만 그것을 회사 블로그에 싣는 것은 삼가고, 웹사이트의 '언론보도' 섹션에 저널리스트, 연구자, 분석가, 그밖에 관심 있는 집단을 위한 참고용으로 게시하는 것이 마케터로서의 도리다.

Rule 46

편파와 균형, 다양한 관점

"<u>한 가지 견해만 담긴 글</u>을 뭐라고 부르는 줄 아세요? 바로 '보도 자료'라고 합니다." 허브스폿의 콘텐츠 부책임자 조 체르노프의 말이다.

이것이 무엇을 의미할까? 논란이 많은 사건에 대해서는 다양한 관점을 제시해야 한다는 뜻이다. 독자의 신뢰를 잃고 싶지 않다면 적어도 다른 견해가 존재한다는 사실만큼은 외면하지 말아야 한다.

이 말은 경쟁 업체를 언급해야 한다는 뜻일까? 그렇다. 아니면 적어도 경쟁자나 다른 견해가 존재한다는 사실만큼은 인정해야 한다.

나는 편파성과 균형성을 두루 갖춘 글을 선호한다. 모순처럼 들리겠지만 꼭 그렇지는 않다. 사실 그것이야말로 훌륭한 브랜드 저널리즘의 특징이라 할 수 있다.

전통적인 저널리즘에도 편파와 균형은 동시에 존재한다.

"〈뉴리퍼블릭〉은 항상 편파적인 잡지였습니다." 댄 라이언스는

e메일 인터뷰에서 이렇게 말했다. 댄이 선임 편집자로 근무했던 〈포브스〉도 마찬가지였다고 한다.

"포브스에서는 '한편으로는, 또 다른 한편으로는' 같은 식의 글은 쓰지 못하게 했죠. 한쪽의 견해만 택해 그것을 철저히 방어하라는 지침을 받았습니다. 하지만 '정정당당하게 싸우라'는 요구도 있었어요. 모든 사실을 정직하게 인정한 다음에 왜 특정 견해를 믿게 되었는지 밝혀야 한다는 뜻이죠."

이를테면 이런 방식을 말한다. "현재 애플의 주가가 크게 떨어졌다. 지금이야말로 애플의 주식을 매수할 적기다. 왜냐고? 올해 하반기에 애플은 혁신적인 신제품을 무더기로 쏟아낼 예정이고 그때가 되면 주가가 치솟을 것이 분명하기 때문이다. 물론 애플의 성장세가 둔화되고 있다는 반론도 있을 것이고, 일부 전문가는 애플의 주식이 다시 성장주가 되는 일은 없을 것이라는 전망마저 내놓고 있다. 그러나 신상품 아이워치는 xx달러의 가격에 xx개나 팔렸고 이는 애플의 성장에 커다란 활력소가 될 것이다."

반대 견해도 문제지만 어떤 회사든 경쟁 업체를 언급하기란 쉬운 일이 아니다. 결국에는 각자 판단할 문제다. 댄은 또 이렇게 말한다.

"저는 놀라운 성과를 얻은 경쟁자를 지목하여 칭찬하는 것은 권장할 만한 일이라고 생각합니다. 그렇게 하면 자사의 브랜드 이미지도 좋아질 것이고 잠재 고객의 존경도 얻을 수 있습니다. 회사 블로그는 공개적으로 의견을 교환하고 배움을 얻는 공간이 되어야 합니다. 문제가 있으면 함께 토론하고, 우수한 사례를 공유해야 합니다. 우리 모두가 고객에게 가장 유익한 서비스를 제공할 방법을 고민하고 있으니, 우리가 상대 브랜드에서 배움을 얻고 상대도 우리에게서 배울 수 있다면 더할 나위가 없겠죠. 그것이 회사 블로그의 궁극적인 목표가 되어야 하지 않을까요. 하지만 실제로 그렇게 하는 브랜드는 매우 드물죠."

이와 정반대의 접근법, 즉 경쟁자의 실책을 들추어 비난하는 방법은 두말 할 필요 없이 최악의 방법이다. 절대 그런 짓은 하지 말자. 옹졸하고 비열한 회사라는 평판을 얻고 싶지 않다면 말이다.

Rule 47

너무 뻔하지 않은 인터뷰 요령

나는 첫 직장인 보스턴 주간 신문사에서 금융기관과 부동산 업계의 소식을 취재하는 신출내기 기자였다. 당시의 나는 무척이나 미숙했고 인문학을 전공한 탓에 내가 쓰는 기사의 주제에도 문외한이었다. 나는 바보로 보이지 않으려고 당당한 척했다.

은행 임원에게 뉴잉글랜드 건축 호황의 여파에 대해 나름대로 심혈을 기울여 만든 질문을 던졌지만 상대방의 대답은 완전히 외계어처럼 들렸다. 벡터를 데카르트 좌표로 분해하는 법에 대한 설명을 듣는 편이 오히려 나았을 것이다. 나는 그가 무슨 얘기를 하는지 조금도 알아들을 수 없었지만 다시 설명해 달라고 하기에는 너무 창피했다. 바보 취급을 당할까 두려웠기 때문이다.

그때 이후로 나는 모르는 것이 있으면 잘 모른다고 솔직하게 인정하는 편이 낫다는 사실을 깨달았다(지금 생각해 보니 인터뷰에서뿐만 아니라 인생에서도 마찬가지다). 자신도 이해하지 못하는 내용을 독자에게 설명할 수는 없는 노릇이기 때문이다.

어떤 분야에 깊은 지식을 보유한 전문가를 인터뷰해 본 사람이라면 내 말에 공감할 것이다. "죄송하지만, 무슨 말씀이신지 전혀 못 알아듣겠어요"라고 인정하기란 여간 창피한 일이 아니지만 솔직히 털어놓는 편이 훨씬 낫다. 더구나 내 경험상 전문가들은 자신의 지식을 설명해 주는 것을 좋아한다.

인터뷰 요령을 소개하기 전에 나는 당신이 이미 인터뷰에 필요한 기본적인 자세는 갖추고 있다고 가정할 생각이다. 적어도 인터뷰 대상을 인터넷에서 검색해 보고, 해당 주제의 요점을 파악하고, 그 사람이 같은 주제에 대해 과거에 했던 발언 또는 집필한 내용을 조사했을 거라 믿는다. 즉 최소한의 사전 준비는 해야 한다.

그렇다면 **인터뷰 기술을 연마하는 데 도움이 될 7가지 방법**을 살펴보자.

1. 독자를 대변하라. 인터뷰를 바탕으로 독자에게 유익한 콘텐츠를 만들려면 이 인터뷰에서 무엇을 끌어내야 할까? 구체적인 목표가 있다면 고객이나 독자가 가장 궁금해할 질문부터 시작하자.

가장 우선시해야 할 목표는 독자나 고객에게 쓸모 있는 정보를 제공하는 것이니, 그들을 대변해 그들에게 필요한 정보를 끌어내자.

2. 무식쟁이로 비칠까 걱정하지 말자. 앞에서도 얘기했지만 모르는 게 있으면 설명을 구해야 한다. 특히 기술적이거나 까다로운 주제를 다룰 때는 그것을 어머니나 아버지께 어떻게 설명할지 생각해

본다. 어머니나 아버지가 무식하다는 뜻이 아니라, 쉬운 설명으로 이익을 얻을 독자의 자리에 부모님을 앉혀 보라는 얘기다. 아니면 인터뷰 상대에게 이렇게 부탁해도 좋다. "독자들이 이것을 어떻게 적용할 수 있는지 예를 들어 주시겠어요?"

3. 일대일 대화를 시도하라. 전화, 동영상, 대면 인터뷰 모두 홍보 대리인이나 조수, 받아 적는 사람 없이 전문가와 단 둘이서 진행할 때 더욱 자연스럽고 편안한 분위기가 연출된다. 아무 말 없이 그 자리에 앉아 있는 사람이 있으면 무척 어색해진다. 그곳에 그 사람의 역할이 있다 해도 말이다. 전문가가 그를 계속 의식하게 되어 대화의 흐름이 끊기고 결국 분위기가 부자연스럽게 경직되고 만다.

집단 인터뷰도 마찬가지다. 서로 돋보이려는 경쟁으로 변질될 수 있으며 일대일 대화에 비해 분위기가 뻣뻣해질 수 있다. 진행자 입장에서도 누가 어떤 말을 했는지 헷갈리는 경우가 생긴다.

4. 장황한 표현은 자제하도록 유도한다. 회사에서 홍보 교육을 담당하는 전문가들은 신조어나 전문용어를 지나치게 많이 쓰고, 판에 박힌 답변만 늘어놓는 경향이 있다. 그럴 때는 그들이 자기만의 틀에서 벗어나 진부하지 않은 자연스런 반응을 하도록 유도해야 한다.

5. 인터뷰가 아닌 대화를 한다. 뛰어난 팟캐스트 진행자는 초대 손님과 인터뷰보다는 대화를 한다. 준비한 질문을 한두 가지 던진 다음에는 자연스럽게 대화로 이어 나간다. 원고를 준비하되 줄줄 읽는 것은 곤란하다. 원고는 대화체가 아니더라도 대화 같은 느낌의 인터뷰가 좋다.

전문가로부터 그가 직접 쓴 기사나 블로그 포스트와 관련한 구체적인 정보를 얻고 싶을 때는 좀 더 심도 있는 대화를 끌어내야 할 것이다. 그러나 대화가 엉뚱한 길로 빠지도록 방치해서는 안 된다. 원하는 방향으로 이끌되 자연스럽게 흘러갈 수 있도록 상대방의 답변을 유심히 듣다가 다음 질문으로 자연스럽게 이어질 만한 실마리를 찾자. 미리 준비한 질문 목록에 있다는 이유만으로 뜬금없이 다음 질문으로 넘어가지 말아야 한다.

6. 최상급이 들어가는 질문은 훌륭한 인터뷰 소재가 된다. '가장 재미있는/좋은/나쁜/말썽 많은/훌륭한/심각한' 등으로 시작되는 질문은 좋은 질문거리가 될 수 있다. 나의 경우 '어떻게 이런 일/프로그램 등에 관심을 갖게 되셨죠?' 또는 '어떻게 이 자리까지 오시게 됐죠?' 같은 질문을 즐겨 한다.

한 사람이 걸어온 여정은 본인에게나 타인에게나 늘 재미있는 이야깃거리다. 이런 이야기는 그 사람에 대한 다채로운 면모를 보여주기도 한다.

7. 최대한 입을 다문다. 당신의 임무는 상대방의 말을 끌어내는 것이니 가능하면 말을 줄이고 상대방에게 말할 기회를 많이 준다. 확인 질문이 필요한 때가 아니라면 쓸데없이 끼어들지 않는다. 인터뷰의 주인공은 게스트지 진행자가 아니다. 반드시 말을 덧붙여야 할 때가 아닌데도 무리하게 비집고 들어가면 대화의 흐름이 끊긴다. 그럴 경우 게스트는 하던 말을 잊어버릴 수도 있다.

물론 절대 입을 닫지 않거나 당신이 원하는 답변을 하지 않는 상대를 만날 수도 있다. 그럴 때는 빨리 말을 마치도록 유도해야 한다. 당신은 독자나 고객의 입장을 대변해야 하는 사람이니 그럴 책임이 있다.

인터뷰를 녹음하고 싶을 때 활용할 수 있는 도구는 다양하다. 하지만 나는 그냥 수첩에 펜으로 받아 적는 방법을 좋아한다. 누군가의 말을 내 손으로 직접 기록하는 것도 나름대로 운치가 있고, 이어질 질문이나 최종 포스트와 기사에 추가할 아이디어 등을 여백에 재빨리 메모하여 나중에 참고할 수 있다는 점도 좋다.

너무 촌스러운 방법일지 몰라도 나는 필기의 멋을 사랑한다.

Rule 48

신뢰의 기본이 되는
사실 확인

사실 확인은 빨래 바구니에 가득한 양말의 짝을 맞추는 일만큼 따분해 보인다. 그러나 그것은 당신에 대한 신뢰도를 결정한다. 당신도 독자들이 당신의 콘텐츠를 신뢰하고, 당신이 하는 말을 사실이라고 굳게 믿으면서 다른 사람들과 공유하기를 바랄 것이다.

이 말을 듣고 당신은 '우리는 뉴스 사이트가 아닌데'라고 항변할지도 모른다. 사실을 정확하게 전달하는 것은 뉴스 사이트만의 의무가 아니다. 글의 주제와 관계없이 오류가 독자의 눈에 띄면 브랜드에 대한 신뢰도는 추락하게 된다.

다만 여기서 말하는 '사실 확인'의 대상은 아주 간단한 것들이다. 고유명사나 회사명, 직책, 그 밖의 정보(링크를 의도했던 곳으로 연결하는 것 등)를 정확하게 표시하는 것을 뜻한다. 소셜미디어에 내 이름이 틀리게 표기된 경우는 여러 번 있었고 다른 사람들도 비슷한 경험이 있다고 한다. 그러니 고유명사나 회사명은 거듭 확인하여 정확하고 일관성 있게 쓰자. 아니면 헐렁한 글이라는 인상을 주게 된다.

또한 콘텐츠에 담은 사실들을 믿을 만한 출처로 뒷받침하는 것도 중요하다.

기존에 출판된 정보를 큐레이션할 때도 사실 확인은 필수다. 그것 역시 어엿한 당신의 콘텐츠니까. 업워시의 편집장 매트 세이브너가 2014년 2월에 쓴 포스트 "업워시는 왜 모든 포스트에 대해 철저한 사실 확인을 거치나"의 일부를 소개한다.

우리는 공동체가 우리에게 보여 주는 신뢰를 매우 소중하게 여긴다. 아마도 신뢰는 훌륭한 큐레이션의 가장 중요한 특징일 것이다. '업워시'의 콘텐츠라면 누구나 믿고 공유할 수 있으니 틀린 정보를 퍼뜨릴까 걱정하지 말자.

신뢰를 발행의 초석으로 여기는 업워시의 자세는 매우 바람직하다. 우리 모두가 본받아야 할 태도라고 생각한다.

Rule 49

'물과 같은 마음'으로
콘텐츠에 접근한다

아주 오래전에 지역 신문에 내기 위해 도시계획위원회 회의를 취재한 적이 있다. 나는 그날 밤늦게 보도국에 도착해 편집자에게, 회의에서 아직 아무런 결정도 내리지 않았기 때문에 보도할 거리가 전혀 없다고 전했다. 그러자 편집자는 기대하던 내용은 아니라도 쓸거리는 얼마든지 있는 법이라며 나를 나무랐다.

물과 같은 마음을 지닌 콘텐츠 창작자들은 스토리가 흘러들어가 고일 만한 빈틈을 어떻게든 찾아낸다.

재미있는 이야깃거리가 없어서 고민이라는 회사도 많지만 사실 모든 사람의 주위에는 영감의 샘이 솟아나고 있다. 우리는 그것을 찾아내는 훈련만 하면 된다. 콘텐츠 창작은 그런 영감을 더욱 자극한다.

◆ 당신에게 흔히 일어나는 일 중 다른 사람들이 재미있어할 만한 것은 무엇인가?

◆ 우리 업계 밖에서 영감이 될 만한 사건은 무엇인가?

◆ 사무실 밖으로 나가 보자. 무역 박람회, 클라이언트, 파트너 등이 모두 우리에게 콘텐츠 기회를 제공한다.

◆ 당신의 삶이나 관심사에서 참신한 비유 거리를 찾아내 보자.

Rule 50

가장 중심에 선 인물을 찾는다

신문기자들은 실제 사건을 취재하기 위해 사건 현장을 찾아 간다. 비즈니스의 세계에서도 그런 자세가 필요하다.

최신 기술에 대한 블로그를 쓴다면? 그 기술의 홍보 또는 마케팅 담당자가 아닌 개발자를 직접 찾아야 한다. 내가 만난 신문 편집자들은 '이야기의 가장 중심에 있는 사람을 찾으라'고 조언했다.

다만 공식 자료, 비공식 자료, 배경 정보의 차이에 주의해야 한다.

◆ 공식 자료는 자유롭게 인용할 수 있고 정보원의 실명을 거론할 수 있는 자료를 뜻한다.

◆ 비공식 자료는 인용할 수 있지만 특정 인물을 정보원으로 밝혀서는 안 되는 자료다.

◆ 배경 정보는 자료 제공자의 정보나 발언을 언급할 수 없으며 정보에 대한 기밀도 유지해야 하는 자료다.

Rule 51

숨겨진 의제에 주의한다

스토리의 바탕이 될 인터뷰를 할 때는 인터뷰 대상의 견해 이면에 숨겨진 의제가 무엇인지 분명히 파악해야 한다.

비즈니스에서는 주로 금전적 이익을 추적해야 한다는 뜻이다. 누가 그에게 이익을 가져다 줄 것인가? 경쟁자일까, 투자자일까? 홍보 관계자는 같은 견해를 고수했는가?

인터뷰 자료를 이용하기로 결정했다면 출처와 함께 잠재적인 기득권이나 이해관계의 충돌 가능성도 밝혀야 한다.

Rule 52

1차 출처를 밝히고 인용하기

올바른 인용은 다른 사람이 쓴 글에 대한 존중의 표시다. 독자들이 원한다면 당신이 제공한 정보의 원래 출처를 찾아볼 수 있게 해야 한다. 당신이 하고 싶은 말을 미리 해 주었거나 그 문제에 대한 생각을 전개할 수 있게 도와준 사람에 대해 큰 감사를 표시하는 것이라고 보면 된다.

인용을 할 때는 2차 출처가 아닌 1차 출처를 언급해야 한다. 1차 출처는 최초의 조사 자료 또는 어떤 아이디어의 창작자를 뜻한다. 2차 자료는 원 출처를 인용한 자료를 뜻한다.

원저작물을 인용하는 것은 상식이다. 그러나 1차 자료가 아닌 2차 자료(최초 기사를 공유한 사이트나 작가)에 링크를 걸어 두는 회사가 얼마나 많은지 놀라울 지경이다. 최초 자료를 추적하는 클릭 한두 번이 회사에 대한 신뢰도를 좌우하는데도 말이다.

1차 자료의 출처를 밝히거나 링크를 거는 것은 윤리적일 뿐 아니라 정보의 정확성도 크게 높일 수 있다. 뜻하지 않게 왜곡될 위험이 줄어들기 때문이다. 대체로 최근 자료일수록 사람들의 흥미를 끌기 쉽다. 5년 이상 지난 자료는 신선도가 떨어지므로 가능하면 피한다. 특히 이동통신이나 소셜미디어 등 변화 속도가 큰 업계에서는 2년 이상 지난 자료는 사용하지 않는 것이 원칙이다.

위키피디아는 믿을 만한 출처가 못된다. 위키피디아 스스로도 인정한 사실이다. 하지만 참고 자료나 배경 정보로는 쓸 만하며, 1차 자료를 비롯한 다른 출처로 이동하기에도 편리하다.

그렇다면 콘텐츠 창작자는 어떻게 언급해야 할까?

인포그래픽을 사용할 때는 원본 출처와 그 링크를 표시한다. 처음에 다른 곳에서 찾아낸 자료라도 원래 출처를 표기해야 한다. 다른 누군가의 자료를 바탕으로 직접 창작한 인포그래픽이라면 원 자료의 출처도 함께 밝혀야 한다. 누군가 인터뷰에서 한 말을 직접 또는 간접 인용했다면, 그 사람의 말을 똑같이 옮긴 것이 아니더라도 그를 아이디어 제공자로 언급해야 한다.

이런 책이나 e북, 연례보고서, 연구 논문, 백서 등 방대한 분량의 콘텐츠를 창작하고 있다면 참고 자료를 공식적으로 밝혀야 한다.

블로그 포스트처럼 비교적 가벼운 글에서는 인용 자료의 출처(출판물, 웹사이트, 잡지 등)를 간단히 밝히면 된다. 저자의 이름이 있으면 함께 밝히고, 온라인 출처라면 구체적인 링크도 표시한다. 블로그가 실린 홈페이지만으로는 부족하고 블로그 포스트의 링크를 명시해야 한다.

프레젠테이션 슬라이드에는 누군가의 아이디어나 문장, 이미지를 사용할 때마다 그 콘텐츠 바로 옆에 저자를 밝혀야 한다(이미지의 경우 사용 허가를 받았다는 사실도 명시한다). 참고 자료를 열거한 슬라이드를 자료 끝부분에 추가하는 것만으로는 부족하다.

당신이 지금 무슨 생각을 하는지 알고 있다. 그렇게 하면 정성스레 만든 슬라이드를 망치는 것 아닐까?

꼭 그렇지만은 않다. 다음 슬라이드에서 조너선 콜먼이 크리스티나 핼버슨을 아이디어의 창작자로 어떻게 언급하는지 살펴보자. 그는 그것을 크리스티나의 사이트에도 핫 링크(두 개의 사이트 중 하나의 내용을 변경하면 두 번째 사이트의 내용도 똑같이 변경되는 링크 방법—옮긴이)했다.

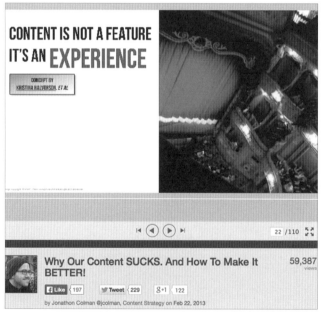

▲ 조너선 콜먼이 아이디어 제공자를 센스 있게 링크해 놓았다.

내가 런던 벨로시티의 더그 케슬러를 아이디어 제공자로 인용한 방식은 다음과 같다.

▲ 저자가 감사 인사 형식의 메시지로 아이디어 제공자를 밝혀 놓았다.

출처 표시는 글을 쓰면서 동시에 진행하는 것이 이상적이다. 집필과 인용 사이를 왔다 갔다 하다 보면 무엇이 직접 창작한 콘텐츠인지, 무엇이 퍼 온 콘텐츠인지 헷갈리기 쉽다.

온라인상의 수많은 자료를 이용할 수 있다는 편리함에는 장단점이 있다. 자유와 위험이 동시에 존재한다. 글을 쓰기 위해 조사를 할 때는 어떤 자료를 참고했는지 꼼꼼하게 메모를 하고 인용한 텍스트 자체에 인용 출처를 표시해 둔다. 수백만 건의 기록을 단번에 훑어 당신의 글이 진짜 당신 것인지 아닌지 알려 주는 온라인 도구도 얼마든지 있다는 사실을 잊지 말자.

　인용과 관련하여 마지막으로 한 가지만 덧붙인다. 위에 소개한 두 가지 예에서 인용의 대상은 아이디어에 영감을 준 원천이었지 구체적인 아이디어 자체가 아니었다. 그냥 영감을 준 것에 불과하다 해도 다른 사람들의 공헌을 감사히 밝히는 것은 단지 바람직한 상도덕에 그치는 것이 아니라 누구나 반드시 지켜야 할 도리다.

Rule 53

큐레이션도 개념 있게

콘텐츠 큐레이션이라는 말은 어감이 영 좋지 않다. 기계 부품을 컨베이어벨트에 집어넣듯이 대중이 소비할 특색 없는 글 한 조각을 웹사이트에 던져 넣는 행위를 연상시킨다.

그러나 콘텐츠 큐레이션에도 인간적 요소가 가미돼야 한다. 기술의 힘을 빌려 자료를 찾아 수집하고 정리할 수는 있지만 사람이 직접 새로운 요소를 더해야만 진정한 가치가 구현된다. 의욕적으로 공유하는 사람이 있거나, 다른 의견 또는 관점으로 발전할 수 있는 발판이 될 때가 그러하다.

자기만의 것을 더하지 않고 콘텐츠를 다른 곳에 그대로 되새김질한다면 그것은 큐레이션이 아니라 짜깁기일 따름이다. 짜깁기라면 로봇도 할 수 있지만 그것이 어떤 의미가 있는지는 인간만이 말해 줄 수 있다. 큐레이션 콘텐츠가 당신의 독창적인 작품은 아닐지 몰라도 어쨌든 독특한 가치를 더하는 참신한 경험을 전달해야 한다.

나는 브레인피킹스(BrainPickings.com)에 실린 큐레이션에 대한 마리아 파포바의 견해에 동의한다.

나는 큐레이션의 가치를 깊이 신뢰한다. 넘쳐 나는 거대한 정보의 미로 한가운데서 흥미롭고 의미 있고 적절한 내용을 찾아내어 체계적으로 정리하는 활동은 이제 창의적이고 지적인 노동이자 깊은 사고를 요구하는 저작의 일종으로 인정받고 있다.

나는 '저작의 일종'이라는 말이 마음에 든다. 큐레이션을 웹페이지나 블로그 포스트의 분량을 채워 넣기 위해 남의 콘텐츠를 잘라다가 붙여 넣는 행동으로 치부하지 않는다는 뜻이기 때문이다. 오히려 그녀는 큐레이션을 콘텐츠 마케팅의 필수적인 요소로 보고 있다.

큐레이션을 활용하는 회사는 점점 늘고 있다. 콘텐츠 큐레이션 기술 회사인 큐라타의 조사에 따르면 기업들은 콘텐츠의 대부분을 직접 창작하지만, 전체의 약 1/4은 큐레이션 콘텐츠라고 한다.

콘텐츠 큐레이션은 구성을 보충하는 훌륭한 수단이 될 수 있다. 그러나 잘못된 큐레이션은 브랜드의 신뢰도에 악영향을 줄 수 있고 저작권 침해에 따른 법적 분쟁으로까지 이어질 수 있다.

여기에 대해 따끔한 충고를 한마디 해야겠다. 누군가의 콘텐츠를 가져와 자기 것인 양 포스팅하는 행위는 최악의 큐레이션이다. 원저자의 검색에 따르는 이익, 트래픽, 신뢰를 손쉽게 훔치는 행동이기 때문이다.

콘텐츠의 구성: 창작, 큐레이션, 신디케이션

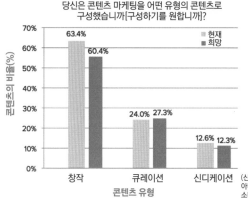

당신은 콘텐츠 마케팅을 어떤 유형의 콘텐츠로 구성했습니까[구성하기를 원합니까]?

- 현재
- 희망

창작: 63.4% / 60.4%
큐레이션: 24.0% / 27.3%
신디케이션: 12.6% / 12.3%

콘텐츠의 비율(%)
콘텐츠 유형

시사점/해설
- 희망 콘텐츠 마케팅 믹스의 평균은 현재의 믹스와 큰 차이가 없는 창작 61%, 큐레이션 27%, 신디케이션 12%다.
- 큐레이션 콘텐츠에는 주석이나 의견이 달린 소셜 포스트, 블로그, 뉴스레터, 마이크로사이트가 포함된다.
- 그러나 오늘날의 두 가지 핵심 과제를 고려하면 '현 상태'에서 더 극적인 변화가 요구된다.

(신디케이션: 공급자가 직접 창작한 것이 아니라 콘텐츠 중개 업체로부터 공급받아 소비자에게 제공하는 콘텐츠—옮긴이)

※ 출처: 큐라타의 허락을 받고 게재.

실수로라도 그런 행동을 해서는 안 된다. 포스트에 원저자를 밝히는 것만으로는 충분하지 않다. 마크 셰퍼의 블로그에 전속 칼럼니스트로 있는 케리 오셔 고곤이 올린 기사 전문을 버라이즌이 인용했지만, 버라이즌은 인용한 글에서 케리도 마크도 전혀 언급하지 않았다. 마크는 높은 트래픽을 자랑하는 자신의 블로그에 이 일에 대한 글을 썼고, 결국 버라이즌은 무책임한 큐레이터 또는 저작권 침해자라는 비난을 받았다. 출처와 링크를 밝히지 않은 탓에 버라이즌은 얼마나 많은 신뢰를 잃었을까?

윤리적이고 바람직한 큐레이션 방법은 다음과 같다.

1. 다양한 출처를 활용한다. 독자들은 한두 가지 출처에만 의존한

큐레이션에는 쉽게 싫증을 느낀다. "바람직한 큐레이션이라 보기 어렵다. 원저작자의 작품을 뜯어먹고 사는 셈이기 때문이다." 큐라타의 CEO 파완 데시판데는 이렇게까지 말했다.

2. (2차가 아닌) 1차 출처를 밝힌다. 앞에서도 언급했지만 다시 한 번 강조한다. 다른 사람이 만든 콘텐츠가 당신의 독자에게 큰 도움이 된다면 당신은 그 사람에게 크게 감사해야 할 것이다. 그런 사람에게 조금이나마 보답할 수 있게 그 이름을 널리 알리고 검색 순위를 높여 주자.

3. 요란하게 표시한다. 출처는 눈에 가장 잘 띄는 위치에 표시해야 한다. 포스트 맨 아래에 나머지 기사와 같은 색으로 적어 놓거나 링크를 깨알만 한 글씨로 표기하는 엉큼한 행동은 금물이다. 그렇다고 촌스럽고 현란한 글자체로 강조할 필요는 없다. 자연스러운 것이 최선이다.

직접 창작한 부분이 인용한 부분보다 길어야 한다. 참고 자료에서는 짧은 일부분만 인용하고 전체를 그대로 베끼지 말자. 독자들에게 다른 글의 요지를 소개해 당신의 주장이 왜 문제가 되고 중요한지, 다른 시사점은 없는지 알려 주는 것이 목적이다. 인용 범위가 너무 넓으면 정당한 인용과 저작권 위반의 경계가 모호해진다.

4. 의미를 부여하고 자기 견해를 덧붙인다. 이 콘텐츠를 갖고 무엇을 해야 하는지 떠올려 보자. 바로 독자들에게 이 콘텐츠가 독자들과 어떤 관계가 있는지 알리는 것이다. 그러니 앞에서도 얘기했듯이, 여기에 의미와 가치를 부여하고 브랜드에 적합한 키워드를 추가하자.

5. 헤드라인을 새로 쓴다. 어쨌든 제목에 자신만의 색깔을 더해야 한다. 당신의 글을 원래 작품과 차별화한다면 더 좋다.

6. 노팔로 링크를 피한다. 출처를 밝힐 때 노팔로 링크(목표 링크의 검색 순위에 영향을 주지 못하는 하이퍼링크—옮긴이)를 사용하면 원래 콘텐츠 창작자의 검색 이익을 훔치게 되니 가능하면 사용하지 않는다.

하지만 오리지널 링크와 연결이 끊기더라도 사람들이 그것을 쉽게 찾을 수 있게 저자와 저작물에 대한 충분한 정보를 제공할 필요는 있다. 링크가 바뀌더라도 원하는 사람들이 큐레이션 콘텐츠의 원 출처를 찾을 수 있도록 최대한 배려해야 한다.

예를 들어 내가 마케터 맥 콜리어의 사이트에 게시된 기사를 인용한다면, MackCollier.com의 메인 주소로 링크를 걸고, 내가 인용한 기사에도 별도로 링크를 걸 것이다. 그가 앞으로 콘텐츠의 위치를 옮긴다 해도 도메인 명을 바꾸거나 버릴 가능성은 거의 없다. 그렇다면 독자는 여전히 맥의 이름을 클릭해 사이트를 찾은 다음 기사를 검색할 수 있다.

Rule 54

용서가 아닌 허락을 구한다

<u>다른 사람의 저작권이 붙은 글을</u> 마케팅에 사용하는 것은 옳지 못하다. 다시 말해 저작권 문제에 관한 한 용서가 아닌 허락을 구해야 한다.

허락을 얻는 방법은 아래의 세 단계로 요약할 수 있다.

1. **물어보기.** 그냥 물어보는 게 얼마나 효과가 있겠나 싶겠지만 허락을 얻으려면 적절한 상대나 회사에 반드시 문의해야 한다. 특히 다양한 제작자가 관여한 음원 등의 경우에는 저작권이 누구에게 귀속되는지 확인해야 한다.

2. **서면 허락 얻기.** 큰돈이 걸려 있을 때는 어떤 대화가 오갔는지 기억이 나지 않는다는 등의 뻔뻔한 거짓말을 하는 사람이 생긴다. e메일로 서면 허락을 받는 것도 효력을 갖는다. 전화 통화를 하거나 만나서 구두로 허락받는 데 그친다면 곤란하다.

3. 합의 조건을 존중한다. 누군가의 노래를 팟캐스트 도입부에 써도 된다는 허락을 얻었다고 해서 TV 광고에도 사용해도 된다고 확대 해석해서는 안 된다. 허락은 합의한 사용처로 한정된다.

허락을 구하는 것을 관계를 맺는 기회로 삼을 수도 있다. 상대방은 자신의 작품이 당신에게 존중받는다는 사실을 감사하게 여길 테니 이 일을 계기로 그와 쉽게 관계를 시작할 수 있을 것이다. 같은 업계에 종사하는 콘텐츠 창작자와 대화를 트고 친분을 쌓으면 새로운 파트너십과 인맥으로 연결될 수도 있다. 남의 콘텐츠를 허락 없이 가져다 쓰면 관계는 절대 발전할 수 없다.

그렇다면 이미지는? 지금까지는 대체로 텍스트에 대해 이야기했다. 그러나 인포그래픽, 사진, 이미지 등 그래픽 콘텐츠 역시 모두 저작권의 대상이므로 사용하려면 허락을 받아야 한다. 그게 어렵다면 사용료가 없는 이미지나 과거에 구입하여 소장 중인 이미지를 쓴다.

크리에이티브 커먼즈의 라이선스를 얻은 이미지를 사용하는 방법도 있다. 야후의 사진 공유 서비스 플리커나, 구글의 고급 검색 기능을 이용하여 찾을 수도 있다. 저작권이 없는 이미지의 사용 가능 여부는 틴아이(Tineye)의 이미지 역추적 검색엔진이나 구글의 이미지 검색에서 확인한다.

가장 안전한 방법은 항상 출처가 확실한 자기 소유의 텍스트, 이미지, 동영상 콘텐츠를 사용하는 것이다. 나도 블로그에 나의 개인

인스타그램 이미지를 많이 사용하는 편이다.

모직 의류업체 아이벡스는 주로 직원을 모델로 쓰고 있다. 아래의 그래픽은 아이벡스의 에러 페이지다(ibex.com/404). 왼쪽 모델은 브라이언(지금은 회사를 떠났다)이라는 직원이고, 오른쪽은 버몬트 본사 화이트 리버 정션에서 근무하는 연구원 J. R.이다. 아이벡스의 마케팅 부사장 키스 앤더슨에 따르면 이들은 상품화되지 못한 아이벡스의 샘플을 입고 춤을 추고 있다.

▲ 아이벡스의 에러 페이지. 아이벡스는 자사 직원의 재미있는 포즈가 담긴 사진으로 저작권 문제 없이 고객의 호감을 샀다.

Rule 55

저작권법의 기초, 공정사용, 저작자 표시

때로는 전문가의 도움이 필요하다. 그래서 이 자리에 마케팅프로프스 소속 변호사 케리 오셔 고곤을 모셔 왔다. (그렇다고 아래 내용이 법률 전문가만이 알려 줄 수 있는 법적 조언은 아니다.)

앤 핸들리: 저작권, 공정사용, 저작자 표시의 의미는 무엇인가요?

케리 오셔: 저작권은 저작물의 소유자가 지닌 일체의 권리를 말합니다. 만약 제가 책을 쓰면 그 책을 복제, 배포, 발행, 공공장소에서 공연하거나 전시할 권리, 그리고 책을 원저작물로 하여 2차적 저작물을 작성할 권리를 오직 저 혼자 갖게 됩니다.

공정사용은 저작권 위반 주장에 대항하는 법적 방어를 뜻합니다. 다만 공정사용을 한다고 피소를 막을 수는 없다는 점을 알아야 합니다. 이미 소송을 당했으면 최선을 다해 방어하는 수밖에 없습니다.

저작권 침해 소송에서 법원은 저작권이 붙은 작품의 정당한 사용

여부를 네 가지 기준에 따라 판단합니다.

　1. 이용의 목적과 성격. 상업적 사용인가, 교육을 목적으로 하는 비영리적 사용인가 등을 고려합니다.
　2. 저작물의 종류 및 용도
　3. 이용된 부분이 저작물 전체에서 차지하는 비중과 그 중요성
　4. 저작물의 이용이 그 저작물의 현재 시장 또는 잠재적인 시장의 가치에 미치는 영향

　공정사용 여부를 법적으로 판단하기란 무척 까다롭고, 우리의 예상 역시 틀릴 때가 많습니다. 그래서 마케팅에 타인의 콘텐츠를 사용하기 전에는 반드시 서면 허가를 받아 두어야 합니다.
　저작자 표시는 저자나 저작물 창작자를 표시하는 조건으로 사용을 허락하는 것입니다. 저작자를 표시하는 것은 윤리적이고 신사적인 행동이지만, 그렇다고 저작권 위반 주장을 방어할 수 있는 것은 아닙니다. 원저자가 크리에이티브 커먼즈 라이선스를 붙여 발행한 것이 아니라면 말이죠. 이런 라이선스가 붙은 저작물은 정해진 조건만 지키면 자유롭게 사용할 수 있습니다. 하지만 라이선스의 유형이 다르면 따라붙는 제한도 다릅니다. 제한이 가장 덜 까다로운 것은 저작자 표시 라이선스로, 원저자를 밝히기만 하면 사용할 수 있는 저작물이라는 뜻이죠.

그냥 링크만 걸면 안 되나요?

앤: 오프라인 출판물에서 온라인 콘텐츠를 복제하는 경우는 어떤가요? 아니면 페이스북 같은 소셜미디어를 인용한다면요? 저자에게 알리거나 허락을 구해야 하나요, 아니면 그냥 원 자료로 연결되는 링크 주소만 적으면 되나요?

케리: 콘텐츠의 전부 또는 상당 부분을 복제할 때는 항상 허락을 얻어야 합니다.

소셜미디어를 인용하는 경우 원저작물을 그대로 인용한다면 저자를 밝히고 출처에 링크를 거는 걸로 충분합니다.

원 출처에 링크를 걸 수 없다면(절판된 책을 인용하는 경우 등) 독자들이 그 책을 찾을 수 있게 최대한 모든 정보를 제공합니다. 또 자신의 포스트에 지나치게 많은 내용을 인용하는 것도 피해야 합니다. 저 같으면 이럴 때 제목과 출판일, 출판사 등의 정보를 최대한 밝히겠습니다.

온라인에서든 오프라인에서든 누군가의 콘텐츠를 복제할 때는 허락을 얻어야 합니다. 소송 전에 공정사용 여부를 밝히기란 거의 불가능하고, 소유자의 허락만 받으면 아무 문제가 없기 때문이죠. (반드시 서면 허가를 받아야 합니다. 기억은 갈수록 희미해질 테니 구두로 허락을 받아봤자 사용 조건을 입증하기에는 충분하지 않거든요.)

이미지는 어떤가요?

케리: 크리에이티브 커먼즈의 라이선스가 붙어 있는 사진이라도 안심할 수는 없습니다. 그것을 게시한 사람이 저작권자가 아닐 가능성이 있으니까요. 구글은 이미지 역추적 검색 서비스를 제공합니다. 사용하려는 사진의 원 소유자가 실제로 제한을 풀었는지 확인할 때 큰 도움이 되죠.

저작권은 음악작품, 영화, 문학작품, 그림, 조각 등 모든 유형의 저작물에 적용됩니다. 그래서 대부분의 콘텐츠는 같은 법의 적용을 받습니다. 그러나 법률 규정을 적용하는 것은 여간 까다롭지 않습니다. 문학작품과 사진에 같은 규칙을 적용할 수도 없을 테고요.

이미지는 대개 일부가 아닌 전부를 사용하게 됩니다. 저작권법의 용어 정의에 따르면 사진 전체를 복제하는 것이죠. 전체 복제가 꼭 필요하다면 원저작자의 인스타그램 포스트, 트윗, 소셜 업데이트를 당신의 웹사이트에 포함시키기를 권합니다(관련 소셜 플랫폼에서 제공하는 임베드코드embed code를 이용해서요). 그러면 모든 정보와 문맥을 독자에게 전달할 수 있습니다.

저 같으면 서면 허가를 받지 않은 채 저작자만 표시한 이미지를 제 웹사이트에 올리지는 않을 거예요. 공정사용의 정의가 워낙 모호하기 때문에 그렇게 위험을 감수할 가치는 없어요.

로고와 스크린샷은요?

케리: 상표법은 저작권법이 저작물을 보호하는 것과 유사한 방식으로 로고를 보호합니다. 설명, 비교 등의 목적으로 로고나 상표를 표시했다면 공정사용의 범주에 들어가지만, 이 경우 브랜드에 대해 허위 사실 기재나 명예훼손을 하지 않도록 각별히 주의해야 합니다.

당신의 콘텐츠가 사실상 교육을 목적으로 하고, 효과적인 로고 디자인을 소개하거나 소비자의 구매 행위에서 색상의 역할에 대해 설명할 목적으로 로고를 가져왔다면 브랜드의 반대에 부딪힐 가능성이 낮겠죠.

반면 회사 로고를 가져다 놓고 그 회사가 환경보호에 무책임하며 당신의 회사가 환경을 걱정하는 사람들에게 더 나은 대안이라는 식의 설명을 붙인다면 법적 분쟁에 휘말릴 가능성이 큽니다. 결국 승소한다 해도요.

변호사들은 일반적으로 다른 사람의 등록 상표를 사용할 때는 각별히 주의하라고 경고합니다. 그리고 로고나 스크린샷은 글의 내용상 반드시 필요한 경우에만 사용하기를 권합니다.

Rule 56

콘텐츠는 데이터에
근거해야 한다

데이터는 콘텐츠에 의미를 부여하고 창작자에 대한 신뢰를 높여 준다. 콘텐츠는 데이터, 연구 자료, 확인된 사실, 큐레이팅 등 정확한 사실에 입각해야 한다.

개인적인 아이디어와 의견, 일화 역시 이야기에 포함시킬 수 있지만, 그것이 어떤 이야기냐에 따라 그렇지 않을 수도 있다. 신뢰할 만한 콘텐츠는 아무래도 당신의 생각보다는 객관적인 사실에 근거를 두어야 할 것이다.

바꿔 말하면 말보다 데이터가 먼저다. 당신의 생각을 말하고 싶다면 그렇게 생각하는 확실한 이유를 대야 한다. 지금까지 어떤 논의가 있었는지, 소셜미디어에서는 어떤 얘기가 오가고 있는지, 당신의 견해를 뒷받침하거나 반박하는 증거는 무엇인지 밝혀야 한다.

연구 결과가 포함된 스토리라면 믿을 만한 출처를 대야 한다. 당신의 업계에서 믿을 만한 출처란 누구 또는 무엇인가?

여기에 대해서는 사람마다 의견이 다르겠지만 몇 가지 예를 들어 보면 다음과 같다.

◆ 주류 매스컴(주류 언론사는 대체로 믿을 만하다. 내부적으로 사실 확인 담당자가 따로 있기 때문이다.)

◆ 정부기관

◆ 연구 논문

◆ 유명 전문가

◆ 권위 있는 비정부기관(여론조사 전문기관)

PART

05

마케터가 자주 쓰는 글:
트위터, 페이스북에서
홈페이지까지 13가지 콘텐츠

Part 5

마케터들은 특정 유형의 글을 써야 할 때가 종종 있다. 그래서 5장에서는 마케터의 책상에 가장 흔히 오르는 글쓰기 과제 몇 가지에 대해 살펴볼 예정이다.

나는 이 파트가 마케팅의 블로킹과 태클에 해당한다고 말하고 싶다. 잘만 하면 승리로 이어질 수 있으니까. 하지만 나는 스포츠에 젬병이라 이런 비유에는 조금 확신이 없다. 그래서 그냥 마케터가 주로 접하는 마케팅 글쓰기 유형들의 기본을 소개하는 파트라고 해 두겠다.

이 파트는 정보관리책임자에게 회사 사이트에 대한 메타 디스크립션을 넣으라는 지시를 받았을 때 참고가 될 것이다(메타 디스트립션은 검색엔진과 사이트 방문자에게 사이트의 내용에 대해 간단히 설명하는 기능을 한다).

또한 상사나 클라이언트가 팟캐스트의 길이가 한 시간은 되어야 한다고 우기거나, 동영상이 10분 분량이면 너무 긴 것은 아닌지(실제로 그렇다) 의문이 들 때, 아니면 홈페이지 리모델링 업무를 떠맡게 되었을 때 훑어보면 좋을 부분이다.

그러니 이 파트를 항상 참고하기 바란다. 회의실에 둘러앉은 사람들이 서류만 말없이 뒤적이며 누군가 나서서 대답해 주기를 애타게 바랄 때 당신은 여기서 얻은 지식을 바탕으로 결단력과 박식함을 과시할 수 있을 것이다.

여기 소개할 지침들은 말 그대로 경험 법칙일 뿐이다. 글 쓰는 방법이 단 한 가지가 아니라는 말을 기억할 것이다. e메일이나 인포그래픽, 회사 소개 페이지를 작성하는 방법 역시 한 가지가 아니다.

이 가이드라인을 그대로 받아들이든, 고객과 당신 자신에게 적합하도록 고치든, 아예 무시하든 당신 마음이다. 하지만 적어도 이것을 시작점으로 삼을 수는 있다.

Rule 57

다양한 마케팅 콘텐츠의
이상적인 길이

블로그 포스트의 길이는 어느 정도가 적당한가요?

나는 이런 질문을 많이 받는다. 아마 당신도 마찬가지일 것이다. 시카고에서 활동 중인 마케터 앤디 크레스토디나는 11가지 흔한 콘텐츠의 적절한 길이를 조사해 다음 표와 같이 정리했다. 그는 검색 엔진에서 어떤 길이의 콘텐츠가 가장 큰 효과를 보이는지를 근거로 대부분의 자료를 얻었다. 이는 작가와 독자들도 참고할 가치가 있는 내용이다.

마케팅 콘텐츠의 이상적인 길이	
블로그 포스트(랭킹 기준)	500~700자
e메일 제목(개봉률 기준)	20자 이내
텍스트 한 줄	10단어
문단	4줄 이하
유튜브 동영상(조회수 기준)	3~3.5분
팟캐스트	22분
타이틀 태그	25자 이내
메타 디스크립션	80~100자
페이스북 포스트 ('좋아요'와 공유 횟수 기준)	100~140자
트윗(리트윗 기준)	120자 내외
도메인명	8자 이하

콘텐츠 길이의 가이드라인

1. 블로그 포스트. 검색에 최적화된 블로그 포스트의 이상적인 길이는 500~700자다.

검색자가 바란다면 그 이상의 긴 콘텐츠도 얼마든지 가능하다. 또 짧은 포스트는 가치 없다는 뜻도 아니다. 검색엔진의 관점에서 약 500~700자가 최적이라는 뜻일 뿐이다. 당신은 이 마법의 길이에 맞추려고 포스트에 억지로 살을 붙일 필요가 없다는 사실도 이미 알고 있다. 블로그 포스트의 길이를 고민하는 것보다는 독자에게 어떤 도움을 줄지 고민하는 편이 낫다. 300자만으로도 가치 있는 글을 쓸 수 있다면 그대로 밀고 나가면 된다.

2. 이메일 제목. 이상적인 이메일 제목은 20자 이내여야 한다.

3. 웹사이트의 텍스트 길이. 웹사이트 텍스트의 이상적인 한 줄 길이는 10단어다. 텍스트의 길이가 너무 길면 화면을 앞뒤로 반복 이동하면서 읽어야 하므로 읽던 부분을 놓칠 가능성이 커지고, 그렇게 되면 읽는 속도와 이해도가 떨어진다.

4. 문단. 문단의 이상적인 길이는 최대 3~4줄이다. 하지만 앞에서도 말했듯이 한 문장이라도 상관없다.

5. 유튜브 동영상. 유튜브 동영상의 적절한 길이는 3분~3분 30초다. 개인적으로는 그보다 더 짧아야 한다고 생각한다. 유튜브는 두 번째로 널리 사용되는 검색엔진이며 동영상을 끝까지 다 보는 사람의 비율에 따라 그 동영상의 검색 순위가 결정된다. 영상이 지나치게 길면 처음부터 끝까지 보는 사람의 수가 줄고, 그러면 순위도 낮아질 수 있다.

6. 팟캐스트. 팟캐스트의 이상적인 길이는 22분이다. 평균적인 청취자의 집중 시간이 고작 그 정도이기 때문이다.

7. 타이틀 태그. 타이틀 태그의 적당한 길이는 25자 이내다. 타이틀 태그는 구글 검색 결과에서 첫째 줄에 큰 글씨로 표시되는 부분으로, 당신의 페이지로 이어지는 링크 텍스트가 된다.

8. 메타 디스크립션. 메타 디스크립션은 검색 결과에서 타이틀 태그 바로 밑에 나타나는 해설 문구를 뜻한다. 메타 디스트립션의 적당한 길이는 80~110자다. 그보다 길면 잘려 버린다.

9. **페이스북 포스트.** 100~140자가 가장 적당하다. 아니면 트윗과 비슷한 길이거나.

길이는 유일한 요소도, 가장 중요한 요소도 아니지만 이미지는 매우 중요하다. 그래픽을 포함한 페이스북 포스트는 그래픽이 없는 포스트보다 네 배나 많은 반응을 얻는다. 그러나 140자 이후부터 반응률은 급격히 떨어진다.

10. **트윗.** 이상적인 길이는 120자 내외다. 물론 트윗은 기술적으로 140자를 입력할 수 있지만 매뉴얼 리트윗에 대비해 공간을 남겨 두는 것이 좋다.

11. **도메인명.** 이상적인 길이는 8자다. 짧을수록 기억하기 쉽기 때문이다.

Rule 58

트위터엔 독백이
아닌 대화를

트위터는 대화와 우스갯소리 교환을 위주로 하는 소셜미디어 플랫폼이다. 그것도 주로 낯선 사람들과. 즉 트윗에는 대화체가 가장 어울린다. 트위터에서 대화는 사람들과 관계를 맺고 상호작용하는 중요한 수단이다.

다음과 같이 헤드라인과 함께 뉴스 기사를 게시하고 원 출처에 연결시키는 간단한 방법도 있다(IT 전문매체 마셔블에서 가져온 예다).

"한 여성이 빅 데이터로부터 임신 사실을 숨긴 사연

How One Woman Hid Her Pregnancy from Big Data"
http://mashable.com/2014/04/26/big-data-pregnancy.

다음은 내가 오늘 아침에 이 뉴스에 대해 @marketingprofs 계정으로 올린 내용이다. 나는 여기에 나름대로 의미를 더하고 싶어서 내가 왜 이 소식을 좋아하고 공유할 가치가 있다고 생각하는지에 대한 설명을 덧붙였다.

Ann Handley @MarketingProfs · 4h
A great headline (& great reframing of "big data" in human terms): How One
Woman Hid Her Pregnancy from Big Data mashable.com/2014/04/26/big...

  Hide photo   ↩ Reply ↻ Retweet ★ Favorite ••• More

Mashable

How One Woman Hid Her Pregnancy From Big Data
By Mashable @mashable

View on web

RETWEETS   FAVORITES
13   8

7:46 AM - 27 Apr 2014 · Details   Flag media

▲ 뉴스에 대한 의미를 덧붙여 트윗하였다.

이 책 앞부분에서 나는 뉴스에 도널드 머레이의 필터에 대한 이야기를 했다("독자가 남편을 향해 몸을 돌리며 '이것 좀 들어봐요, 마이클?'이라고 말하게 하려면 어떻게 해야 할까?"). 트위터에서는 당신이 마이클의 아내가 되어 마이클에게 직접 이야기하듯이 트윗을 쓰라고 제안하고 싶다. 나처럼 회사나 브랜드의 입장을 대변해야 할 때도 마찬가지다.

트위터에서는 아무리 낯선 사람에게 이야기를 하더라도 결국 사람에게 이야기하는 것이다. 그러니 트윗을 쓸 때는 항상 여자친구나 남자친구, 배우자, 강아지, 고양이, 어항 속에 헤엄치는 금붕어, 그 밖에 방 안에 함께 있다고 상상할 수 있는 누구에게라도 실제로 말을 걸면서 써야 한다.

그 밖에 **트윗을 쓸 때 고려할 사항**은 다음과 같다.

1. 자기만의 견해를 확립한다. 당신은 당신의 비즈니스에 대해 어떤 입장을 지니고 있으며 세상을 어떻게 바꾸고 있는가? 당신의 견해는 당신의 정체성을 드러내는 빅 스토리에 연결되어야 한다.

자기만의 관점은 트위터(링크드인, 페이스북 등)에서 무엇을 공유하고, 어떤 대화에 참여할지를 판단하는 데도 도움이 된다. 또한 당신의 비즈니스가 팔로워에게 어떤 혜택을 주는지를 알리는 데 그치지 않고, 당신 자신이 어떤 존재인지에 대해서도 알려 준다(지나치게 개인적, 정치적, 종교적인 색채 없이).

2. 빅 스토리를 들려준다. 당신이 컵케이크 이동판매 사업을 하고 있더라도 당신의 빅 스토리는 지역에서 생산한 식재료나 공동체의 번영에 열정을 쏟는 활동가의 이야기가 될 수 있다. 아니면 인생의 소박한 기쁨을 소중하게 생각하는 사람의 이야기도 괜찮다. 어떤 스토리라도 좋지만 진실해야 한다.

3. '무엇'뿐만 아니라 '왜'와 '누구'도 공유한다. '독백이 아닌 대화를 하라'는 말을 잊지 말자. 소셜 사이트는 '점심 때 ~을 먹었다'처럼 시시하고 쓸데없는 잡담만 조장한다는 비난을 받는다. 그러나 한편으로는 의미와 인품을 표출할 기회도 충분히 제공한다.

그러니 '하루 종일 책을 읽었다'(지루함)라고 포스팅하지 말고 '하루 종일 데이비드 세다리스의 신간을 읽었다. 힘겨운 한 주 끝에 누리는 여유!'라고 써 보자. 그러면 의미(지금 이런 일을 하는 이유는 무엇인가)와 당신의 개성(당신은 누구인가)을 모두 드러낼 수 있다.

4. 뒤통수를 치지 않는다. 앞의 예에서 '하루 종일 데이비드 세다리스의 신간을 읽었다. 힘겨운 한 주 끝에 누리는 여유! 지금 주문하기: www.dontdothis.com'이라고 쓰지 않았다는 점을 눈여겨보자. 그렇게 썼다면 소셜 공유가 아니라 뒤통수치기다. 당신은 직거래 채널을 운영하는 것이 아니라 관계를 형성하고 있음을 기억하자. 전문지식과 개성을 부각시키자. 물건만 팔려고 하지 말고 공유할 거리나 해결책을 내놓자.

5. 개인적인 모습이 아닌 인간적인 모습을 드러낸다. 진실한 소셜 플랫폼은 브랜드 이면에 숨어 있는 사람들을 드러낸다. 그러나 자신을 드러내는 것과 자신을 지나치게 내세우는 것 사이에는 미묘한 차이가 있다. 특히 회사를 대표해 트윗을 할 때는 이 점에 유의해야 한다.

다시 말해 회사나 자신의 인간적인 모습을 드러내야 하지만 너무 개인적인 모습은 곤란하다. 전자는 관점, 즉 개성을 갖고 있으며 따뜻한 사람임을 보여 주는 것이다. 후자는 너무 은밀하거나 사사로운 탓에 폭넓은 대중의 공감을 사기 어려운 모습을 뜻한다.

그 선이 어디인가는 브랜드와 회사에 따라 달라진다. 하지만 오늘 기분이 저기압이라는 말과 민감한 부위에 가려움증이 생겼다는 말은 성격이 확연이 다르다. (유명인 중에는 자주 선을 넘는 사람들이 많다. 만약 유명인 중에 이 책을 읽는 사람이 있다면, 이왕이면 가려움증을 증명하는 사진까지 올리라고 말해 주고 싶다.)

6. 자동화에 주의한다. 사회적 실재감을 관리하고 측정하는 도구는 많다. IFTTT(If This Then That; 이럴 때는 이렇게)는 자동 저장된 인스타그램 사진을 드롭박스로 옮기거나, GPS 기반 소셜네트워크인 포스퀘어에 접속하여 페이스북 업데이트를 하는 등의 작업을 자동으로 할 수 있다. 소셜움프(www.socialoomph.com)는 정해진 시간에 트윗을 올리거나 자신의 팔로워를 자동 팔로우할 수 있다. 버퍼(buffer.com)는 소셜미디어에 예약된 메시지를 올려 주는 서비스로, 몇 개의 플랫폼에 동시에 자동으로 포스팅을 할 수 있는 도구다. 한창 성장 중인 회사 입장에서는 시간을 절약해 주는 유용한 도구가 될 수 있다.

그러나 주의할 점이 있다. 자동화 도구에 지나치게 의존해서는 안된다. 소셜미디어 활동을 확대하고 번거로움을 덜기 위해 사용하는 것은 괜찮지만 거기에 완전히 의존해서는 안 된다. 새로운 트위터 팔로워에게 자동화된 다이렉트 메시지로 환영 인사를 한다면 짜증만 유발하게 된다. (지금 그렇게 하고 있다면 당장 그만둬야 한다.)

당신의 그런 행동을 팔로워가 눈치 채면 당신에 대한 신뢰는 떨어진다. 더구나 그런 형식적이고 무성의한 태도는 소셜네트워크의 정신에 위배되는 행동이다. 소셜네트워크의 본질은 결국 인간관계다. 인생에서도 마찬가지지만, 소셜미디어에서는 사람에게 쏟는 정성이 기술을 이긴다.

7. 트위터를 다른 콘텐츠의 산실로 이용한다. 《온라인에서 팔아라 New Rules of Marketing and PR》의 저자인 작가 데이비드 미어먼 스코트는 트위터에서 사람들의 관심을 얻는 아이디어가 어느 것인지 살펴보고 그것을 발전시킨다.

데이비드는 이렇게 말한다. "저는 '글쓰기 사다리'라는 방법을 이용합니다. 만약 트윗이 좋은 반응을 얻으면(리트윗과 답장이 많으면) 그것을 블로그 포스트의 소재로 삼는 거죠. 블로그 포스트가 반향을 일으키면 그것을 강연의 주제나 다른 블로그 포스트에서 다시 활용할 수 있을지 검토합니다. 만약 같은 주제의 연작 포스트가 큰 호응을 얻으면 다음 번 책으로 발전시키는 거예요."

데이비드는 자신의 주요 저서 일부는 모두 이런 식으로 썼다고 한다.

그 밖의 요령은 다음과 같다.

8. 명확한 행동유도장치를 사용한다. 팔로워들이 뭔가 하기를 바란다면 말이다.

9. **문법과 맞춤법을 희생하거나 약자를 남용하지 않는다.** 중학생이 보낸 문자 메시지처럼 보이고 싶지 않다면.

10. **링크 길이를 줄인다.** 구글의 구글 URL shortener, 네이버의 미투두(me2.do), 비틀리(bitly)라는 단축 URL 서비스를 이용하면 긴 주소를 줄일 수 있다.

11. **포스트 길이를 120자 이하로 유지한다.**

Rule 59

해시태그를 사용할 때
고려해야 할 점

해시태그는 게시물에 일종의 꼬리표를 다는 기능이다. 특정 단어, 문구 앞에 해시(#)를 붙여 관련된 정보를 한데 묶을 때 쓴다. 처음에는 관련 정보를 묶는 정도의 기능으로만 쓰였지만, 지금은 검색 등 다른 용도에도 널리 쓰인다.

요즘은 해시태그의 남용이 문제가 되긴 하지만, 해시태그가 쓸데없고 유치한 것만은 아니다. 해시태그는 우리의 이야기를 전달하고, 우리의 역사를 밝히고, 독자와 이어 주는 역할도 한다. 해시태그는 주제와 관심거리를 중심으로 사람들을 분류하고, 찾고, 한데 모아 주는 편리한 수단이다.

해시태그의 발생지는 트위터다. 격식 없는 대화를 위주로 하는 트위터의 특성을 고려할 때 트위터의 해시태그는 특히 적응력이 강하다.

해시태그를 사용할 때 고려해야 할 점 몇 가지를 소개한다.

1. 역사를 공유한다. #ThrowbackThursday(#tbt)는 인스타그램 사용자 사이에 목요일마다 어릴 적 사진이나 개인적으로 중요한 사건 또는 행사 사진을 공유하는 이벤트가 확산되면서 생긴 해시태그다. 영부인 미셸 오바마(@michelleobama)도 댄서로 활동하던 대학 시절의 사진, 어린 시절 남동생과 찍은 사진, 고등학교 졸업앨범 사진 등 자신의 과거 모습을 게시할 때 이 해시태그를 자주 사용했다.

일부 회사는 이러한 주간 행사를 이용해 브랜드의 역사를 공유했다. 〈피플〉(@peoplemag, 팔로워 42만 1,000명)은 최근 창간호의 페이지를 하나하나 넘기면서 보여 주는 인스타그램 동영상으로 창립 40주년을 기념했다. 청초한 미아 패로가 표지모델로 실린 1974년 3월 4일자 창간호에서는 젊은 찰스 황태자, 체조선수 케이시 릭비가 올림픽에서 은퇴한 직후의 사진 등을 확인할 수 있다.

토요타의 인스타그램 #tbt도 인상적이었다. 자사 차량의 수명만을 강조한 것이 아니라 제품의 역사적 의미도 부각시키는 내용이었다. 슈퍼볼 시즌인 2014년 2월에 토요타는 클래식 카 2000GT의 사진과 함께 "미국이 최초의 '빅게임'을 지켜보았던 1967년, 이 아름다운 차는 처음으로 미국의 도로를 달리기 시작했다"라는 문구를 게시했다. 브랜드를 미국의 역사 및 가치와 연결시킨 것이다.

2. 사람들이 관심 가질 만한 내용을 포함한다. 기업들이 해시태그에 대해 갖고 있는 가장 한심한 오해는 사람들이 자사의 브랜드에 대해 이야기를 나누고 싶어 할 거라는 착각이다. 실상은 전혀 그렇지 않다.

때로는 브랜드명을 포함한 해시태그를 쓰면 상황을 분명히 밝히고 트윗이 가리키는 대상을 드러내어 대화를 트는 계기를 만들 수도 있지만, 소셜네트워크에서는 사람들이 이미 사용하고 있는 언어로 대화를 열면서 사람들과 관계를 맺는 것이 훨씬 낫다. 사람들은 당신의 회사나 조직, 브랜드에 의미 있는 것이 아닌, 자신들에게 의미 있는 것에 대해 이야기를 나누고 싶어 한다. 브랜드 마케팅 관련 카툰을 올리는 마케투니스트의 톰 피시번은 이렇게 말했다. "브랜드 충성심도 브랜드가 삶의 우선순위에 기여할 때나 유지되는 것입니다."

브랜드만을 내세우며 그것이 얼마나 대단한지에 대한 화제를 유도하려 드는 해시태그는 처참한 역효과를 낼 수 있다. 뉴욕 경찰청은 2014년 4월에 직접 그런 경험을 했다. #MyNYPD라는 해시태그로 일반 시민이 경찰관과 함께 찍은 사진을 공유하게 하는 캠페인을 시작했지만 이는 오히려 전 국민이 트위터와 인스타그램에 경찰의 잔인한 행태를 고발하는 안티 캠페인으로 변질되었다.

반면 뉴욕공공도서관(@nypl)은 2014년 2월에 해시태그를 성공적으로 활용했다. #selfie(셀프카메라)의 개념을 응용해, 트위터와 인스타그램에 #shelfies(서재 사진)을 올리는 행사를 기획한 것이다. 일반인들이 개인 책장이나 좋아하는 도서관 서가의 사진을 올려 책에 대한 사랑을 드러내고 그들의 인생에서 책이 어떤 의미가 있는지 표현하게 하려는 취지였다. 반응은 뜨거웠다. 인스타그램에는 1,500명 이상, 트위터에는 1,800명 이상이 사진을 게시했다. 미국 내 28개 주,

14개 나라에서 다양한 사람들이 참여했다.

뉴욕공공도서관은 3월에 또 다른 행사를 실시했다. 대학 농구의 '3월의 광란'에서 아이디어를 얻어, #literarymarchmadness라는 해시태그로 여러 작가들을 대상으로 인기투표를 실시하는 행사였다. 다양한 종목에서 경쟁 관계의 작가들을 맞붙였다. 도서관의 인스타그램 팔로워 2만 5,000명은 덧글로 좋아하는 작가에 투표했다.

뉴욕공공도서관의 이러한 시도에서 다른 기관들이 무엇을 배울 수 있을지 묻자, 뉴욕공공도서관의 정보 설계자 모건 홀저는 이렇게 제안했다. "항상 인간적인 모습을 보여 주세요. 팔로워는 무대 뒤에 사람이 있다는 사실을 알고 있어요. 포스트가 기계음을 낸다면 당장 꺼 버릴 겁니다. 뉴욕공공도서관은 인스타그램에 유머를 담으려 노력했고, 사람들도 그것을 좋아하더군요. 사람들은 자신의 관심사는 물론 당신의 관심사에 대해서도 알고 싶어 합니다."

사람들이 이미 관심을 갖고 있는 대상에 다가가는 보다 손쉬운 (하지만 효과는 나쁘지 않은) 방법은, 이를테면 당신의 여행 상품에 '#cheaptravel(저가 여행)'을, 비즈니스 노하우 콘텐츠에 #marketingadvice(마케팅 어드바이스) 또는 #whatImreading(지금 내가 읽는 책) 등의 태그를 붙이는 것이다. 즉 포괄적이면서 브랜드와 크게 관계없어 보이는 키워드가 좋다.

3. 개성을 표현한다. 몇 년 전 〈뉴요커〉에 기고한 글에서 수전 올린은 해시태그가 일종의 '귀에 대고 속삭이는 말'이 될 수 있다고 했다. 진지한 발언, 유머, 풍자, 의미를 무심한 듯 표현할 수 있다는

뜻이다. #kidding(농담), #fail(실패), #sorrynotsorry(안미안해서미안) 등을 붙이면 다소 위험한 발언을 해 놓고 빠져나갈 구멍을 만드는 것이다.

이런 식으로 해시태그를 사용하는 브랜드는 사회적인 목소리와 어조로 개성을 전달하는 것이다. 목소리와 어조에 대해서는 Rule 40에서 이미 살펴봤지만 해시태그로 소셜 포스트에 목소리와 어조를 어떻게 담을 수 있을지 생각해 봐야 한다.

모바일 앱 톡투는 트윗에 #NoMoreCalls(전화는 이제 그만)이라는 해시태그를 자주 붙인다. 마치 자동녹음전화나 알렉산더 그레이엄 벨에 반대하는 구호 같지만 사실은 회사의 개성을 표현하고 빅 스토리와 결합하는 재치 있는 구호다. 톡투가 기업에 전화 대신 문자를 전송하는 앱이라는 점을 부각시키는 것이다(다시 말해 통화 대기에 시간을 허비하지 말라는 뜻이다).

개성을 드러내기 위해서는 브랜드의 특성과 고객에게 접근하는 방법을 고려하여 자기만의 목소리와 어조를 개발해야 한다.

해시태그는 매우 유용하게 활용할 수 있다. 콘텐츠에 뿌리는 비밀 양념쯤으로 생각하면 된다.

Rule 60

소셜미디어에 유머 담기

<u>프리랜스 카피라이터인</u> 티파니 베버리지는 2012년 초에 '내 상상 속 멋쟁이 어린 딸(My Imaginary Well-Dressed Toddler Daughter)' 이란 핀터레스트 보드를 만들었다. 핀터레스트는 핀(pin)과 관심을 뜻하는 인터레스트(interest)의 합성어로, 관심있는 이미지를 핀으로 꽂아 저장하고, 다른 소셜 네트워크 서비스와 연계해 지인들과 공유하는 이미지 기반의 소셜 네트워크 서비스이다.

그녀가 만든 핀터레스트 보드는 패션 감각이 뛰어난 상상 속의 딸인 퀴노아를 위한 것으로, 퀴노아와 퀴노아의 친구들의 터무니없는 라이프스타일과 요란한 패션을 보여 준다.

여기에는 유행을 선도하는 모델들의 과장된 사진이 재미있는 설명과 함께 게시되어 있다.

게시판은 인터넷에서 큰 화제가 되었다. 최초 팔로워 100명에서 시작해 2014년 봄에는 9만 명을 넘어섰다. 언론 보도는 물론 2013년에는《하우 투 퀴노아: 나의 상상 속 패션리더 딸이 준 인생의 교훈 *How to Quinoa*》이라는 책도 펴냈다.

핀터레스트에 이보다 더 재미있는 보드가 있는지 모르겠다. 내가 퀴노아 보드를 좋아하는 이유 중 한 가지는 핀터레스트의 지나친 소비지상주의를 흥미롭게 꼬집고 있기 때문이다. 내가 사회학자라면 '내 상상 속 멋쟁이 어린 딸'이 자녀의 외모를 완벽하게 꾸며 주고 싶은 욕심과 소비 위주 사회를 비판하는 포스트모더니스트의 논평이라고 주장하고 싶다. 하지만 나는 사회학자가 아니니 그냥 그것이 재미있어서 좋다고만 해 두겠다.

그러나 한편으로 소셜미디어에서는 과장된 목소리와 간결한 문체만으로도 시시함을 놀라움으로 바꿀 수 있다는 사실을 증명한 흥미로운 사례다. 나는 티파니에게 소셜미디어 글쓰기에 대한 견해를 물었다. 유머를 어떻게 구상하는지, 글이 정말 써지지 않을 때는 어떻게 하는지 등의 질문을 했다.

앤 해들리: 당신은 아들만 둘인데, '내 상상 속 멋쟁이 어린 딸'을 만들 생각은 어떻게 했나요?

티파니 베버리지: 제 아들들은 패션에 전혀 관심이 없답니다. 늘 티셔츠와 농구 반바지만 입고 다니죠.

핀터레스트를 하다 보니 여자아이들이 쓰는 귀여운 물건들이 눈에 많이 들어왔어요. 저랑 별로 상관없는 물건들이라고만 생각했는데 문득 여자아이 용품에 핀(pin)을 하지 못할 이유도 없겠다 싶더라고요. 그래서 상상 속의 딸을 위해 보드를 만들고는 귀엽고 재미있는 옷들을 리핀(repin)하기 시작했어요.

핀터레스트에서 여자아이들을 위한 옷을 직접 고르다 보니, 너무 지나치다 싶은 사진과 패션도 자주 눈에 띄더라고요. 그때부터 제 유머감각이 살아나기 시작했죠. 핀터레스트에서 상상 속의 딸에게 옷을 입히며 시간을 보내기로 한 마당에 재미있는 글을 곁들이는 것도 나쁘지 않잖아요?

앤: 정말 재미있게 보고 있어요. 최근에 게시된 내용은 더 웃기더라고요. 초기에 쓴 글과 비교해 보면 이제 당신의 목소리를 완전히 찾은 것 같더군요. 이건 질문이라기보다 저의 관찰 결과를 말씀 드리는 거지만요.

티파니: 당신 말이 맞아요. 퀴노아의 외모와 성격은 처음과 확실히 달라졌어요. 원래는 훨씬 착했지만 지금은 자기밖에 모르는 아이가 되었죠.

앤: 소셜미디어에 글을 쓰는 사람들에게 해 주실 조언이 있으신가요?

티파니: 카피라이터로 활동하면서 깨달은 교훈이 세 가지 있어요.

1. 최대한 짧게 표현하자.

2. 나의 목소리에 확신을 갖자.

3. 최대한 유머를 많이 담자.

소셜미디어에는 콘텐츠도 풍부하지만 쓸모없는 내용도 많기 때문에 요즘 사람들은 이미 정보를 빛의 속도로 탐색하는 훈련이 되어 있다고 생각해요. 명확하고 간결한 아이디어를 진실한 목소리에 담는다면 어렵지 않게 사람들의 주목을 받을 수 있을 거예요.

유머가 담긴 글은 흔치 않으니 남을 웃기는 재능을 가졌다면 그것을 발휘해야 하지 않겠어요. 웃긴 것을 싫어하는 사람이 있나요? 가장 마음에 들었던 슈퍼볼 광고가 무엇인지 생각해 보세요. 아마 재미있는 광고일수록 기억에 오래 남을 거예요.

앤: 글은 어떤 식으로 쓰시나요? 글을 쓰는 과정에 대해 알려 주시겠어요?

티파니: 대부분의 이야기를 최소한의 단어로 표현하려고 애쓰는 편이에요. 사진을 자세히 살펴본 다음 프레임 안에 담긴 모든 것을 글로 표현하고 예상치 못한 의미를 찾아내려고 노력하죠.

언젠가 온통 가짜 눈이 흩어져 있는 방 안에 플라밍고와 함께 서 있는 소녀의 사진을 놓고 고민하고 있을 때였어요. 마침 책상 옆으로 지나가던 열 살짜리 아들을 잡아 세워서 물었죠. "바닥에 떨어진 이것이 눈이 아니라면 뭐일 거 같니?" 아들은 조금도 주저하지 않고 "파르메산 치즈"라고 하더군요.

저는 그때 일을 자주 떠올리곤 해요. 눈이라고 했어도 나쁘지 않았겠지만 바닥에 파르메산 치즈가 쌓여 있다고 생각하니 훨씬 재미있더라고요.

앤: 그래서 그 사진이 결정적 한방이 된 거군요.

티파니: 그래요. 항상 예상을 뛰어넘는 것을 찾아야 해요.

앤: 고민을 많이 해서 찾으시나요, 아니면 생각이 저절로 떠오르나요?

▲ 티파니 베버리지의 '내 상상 속 멋쟁이 어린 딸' 핀터레스트 보드.
(클레오 설리반의 허락을 받고 게재)

티파니: 게시물 하나를 완성하는 데 약 15분밖에 걸리지 않아요.
처음부터 그랬기 때문에 그 패턴을 유지하려고 노력하죠. 저는 언제
나 글을 빨리 쓰는 편이에요. 나탈리 골드버그가《뼛속까지 내려가
서 써라》에서 강조했듯이, '첫 생각'을 향해 바로 달려들곤 하죠. 한
문장을 쓰고 나면 그것을 압축하거나 줄일 수 없을지 고민해요. 그
런 다음 소리 내어 읽으면서 운율을 점검하고 핵심 구절이 적절한
위치에 있는지 확인하죠. 거기서 조금 더 수정을 가한 다음 핀터레
스트에 올립니다.

236

이 과정이 30~45분 이상 걸리면 잠시 손을 놓고 기다려요. 억지로 쥐어짠다고 재미있는 글이 나오지는 않잖아요. 유머가 충분히 여물지 않은 것이니 나의 무의식에 숙성시킬 시간을 주어 말랑말랑하고 달콤하게 익히는 거죠.

앤: 독자는 어떤 역할을 하나요? 그들을 염두에 두고 글을 쓰나요?

티파니: 항상 독자를 의식해요. 독자는 이야기의 일부나 다름없으니까요. 더구나 제게 계속 재미있는 것을 기대하기 때문에 긴장을 늦출 수가 없어요. 독자는 제 캐릭터를 저만큼이나 잘 아는 것 같아요. 그들의 댓글도 제 캡션만큼이나 재미있고요.

사람들이 제 유머를 재미있게 생각해 줘서 뿌듯해요. 그런 독자들이 아니었다면 책을 낼 기회도 찾아오지 않았을 거예요.

Rule 61
페이스북 콘텐츠의 전략

페이스북을 관리하는 회사는 한때 약 16퍼센트의 소비자에게 손을 뻗칠 수 있었다. 하지만 이 책을 쓰고 있는 2014년 봄을 기준으로 그 수는 2.5퍼센트로 크게 줄었다. 페이스북이 2013년 12월에 도입한 뉴스피드 알고리즘 때문이다. 친한 친구로 등록된 사람의 정보가 뉴스피드에 더 많이 노출되며, 기업 페이지는 사진, 동영상 등을 통해 노출 효과를 높일 수 있게 한 것이다.

페이스북에 상당한 공을 들여 많은 팔로잉을 확보한 기업들의 입장에서는 정신이 번쩍 드는 소식이다. 과거에 무료로 다가갈 수 있었던 사람들에게 이제는 광고를 사서 돈을 내야 노출될 수 있기 때문이다. 회사 입장에서는 상황이 크게 불리해진 것이다. 페이스북도 결국 테레사 수녀가 운영하는 빈민구호소가 아니라 마크 주커버그가 운영하는 영리회사다 보니 어쩔 수 없다.

이런 마당에 페이스북에서 계속 팬을 관리할 가치가 있을까? 그것은 당신의 전반적인 디지털 전략을 살펴봐야만 대답할 수 있는 문제다. 어찌됐든 페이스북 콘텐츠의 중요성이 과거보다 덜하다는 뜻은 아니다.

2013년 4월, 친구 사이인 코리 오롤린과 니나 비탈리노는 페이스북 스토어 프렙옵세스드(facebook.com/prepobsessed)를 시작했다. 2014년 6월에 그들은 8만 3,000달러의 매출을 기록했고, 다음해에는 100만 달러를 달성했다.

이러한 성공의 원인은 콘텐츠 마케팅과 커뮤니티 관리에서 찾을 수 있다. 따라서 콘텐츠에 대한 그들의 접근법과 전략을 분석해 볼 필요가 있을 것이다. 물론 당신의 비즈니스는 프렙옵세스드의 판매 사이트와 많이 다르겠지만 그들의 전략에는 분명 배울 점이 있다.

◆ **잠재적 구매자가 모인 커뮤니티와 관계를 맺는다.** 니나와 코리는 프렙옵세스드를 시작하기 전부터 페이스북에서 프레피(원래는 미국 명문 사립고 학생을 뜻하는 말이지만, 패션에서는 학생 스타일의 단정하면서도 고급스러운 캐주얼을 의미한다—옮긴이) 여성 커뮤니티와 관계를 유지했다.

◆ **숫자에 집착하지 말고 고객의 범위를 명확히 한정한다.** 페이스북은 사용자에 대한 방대한 인구통계학, 행동학 정보를 보유하고 있어 관심거리에 따라 고객을 겨냥하기가 상대적으로 용이하다. '좋아요' 개수에 집착하지 말고 고객의 범위를 특정하여 잠재적 고객을 정확히 이해하는 것이 성공의 지름길이다.

프렙옵세스드는 비교적 좁은 범위의 사용자를 겨냥했다. 특정 브랜드와 특정 카테고리에 관심을 보인 20~50세의 미국 여성이 그 대상이다. 기존 팬의 친구들도 타깃으로 삼는다.

◆ **페이스북은 공짜가 아님을 잊지 말자.** 페이스북은 무료 플랫폼일 뿐 무료 네트워크는 아니다. 곧 마케팅 예산이 있어야 한다는 뜻이다. 프렙옵세스드는 페이스북 광고에 매일 40달러, 연간 1만 5,000달러를 투자했다. 꽤 많은 돈 같지만 그만큼의 값어치가 있었다. 이 신생 회사에 단 9개월 만에 5만 5,000명의 고객이 생긴 것이다. 1인당 광고료가 10센트도 채 안 되는 셈이다. 더구나 이들은 매우 열성적인 팬이 되었다.

◆ **고객을 하나로 묶어 줄 구호를 만든다.** 프렙옵세스드는 날마다 600~700명의 고객을 끌어들이며 승승장구하고 있다. 이러한 성공은 단지 광고 때문만은 아니다. 고객의 2/3는 페이지에 게시한 콘텐츠를 통해 유기적으로 확보되었다. 그 콘텐츠의 대부분은 '인생의 명언'이나 코리가 '고객을 하나로 묶어 주는 구호'라고 부르는 이미지였다.

예를 들어 드라마 "가십걸"의 주인공이자 프레피의 상징인 블레어 월도프의 최근 발언은 400건 이상의 '좋아요'와 99개의 공유를 얻으며 프렙옵세스드를 널리 알리는 역할을 했다.

온라인에서 브랜드의 목소리와 어조는 매우 중요하다. 프렙옵세스드는 포스트 등에서 고객을 지칭할 때 '숙녀분들'이라는 말을 사용했다. 교양과 세련미를 암시하는 단어이기 때문이다. 또 코리와 니

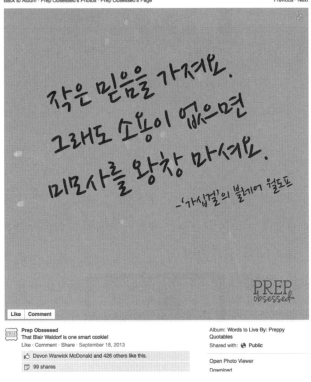

작은 믿음을 가져요.
그래도 소용이 없으면
미모사를 왕창 마셔요.

-'가십걸'의 블레어 월도프

Like Comment

Prep Obsessed
That Blair Waldorf is one smart cookie!
Like · Comment · Share · September 18, 2013

Devon Warwick McDonald and 426 others like this.

99 shares

Album: Words to Live By: Preppy
Quotables
Shared with: 🌐 Public

Open Photo Viewer
Download

▲ 프렙옵세스드를 널리 알리게 된 드라마 "가십걸" 주인공 블레어 월도프의 글.
※ 미모사: 오렌지 주스와 샴페인이 들어간 상큼한 색깔의 칵테일—옮긴이

나는 e메일과 페이스북 포스트에 키스와 포옹을 뜻하는 'xo'로 서명하여 우정과 친밀함을 표시했다.

프렙옵세스드는 프레피 스타일의 액세서리, 가정용품, 선물을 찾는 여성들에게 최고의 전문가이자 권위자로 인정받기 위해 노력했다. "우리는 절대 고객에게 무엇을 원하는지 묻지 않습니다. 고객은 우리의 취향이 그들과 같다고 느끼기 때문에 그들이 원하는 것을

우리가 잘 알 거라고 믿습니다."

그 밖의 팁은 다음과 같다.

◆ **고객이 온라인 상태일 때 포스팅한다.** 업무 시간보다는 고객이 주로 접속하는 시간대에 포스팅을 한다. 어도비는 2014년 1사분기에 페이스북 광고가 사용자에게 노출된 횟수 2,600억 건과, 페이스북 포스트가 노출된 횟수 2,260억 건을 분석하였는데, 그 결과 페이스북 사용자는 다른 요일보다 유독 금요일에 브랜드에 관심을 보인다고 한다. 조사 기간 동안 사용자에게 노출된 전체 광고 횟수 중 15.7퍼센트는 금요일에 발생했다. 목요일은 두 번째로 높았고(14.5퍼센트), 일요일은 가장 낮았다(13.4퍼센트).

◆ **페이스북에서는 이미지가 딸린 포스트일수록 참여율이 높다.** 최적의 그래픽 사이즈는 800×600픽셀이다. 비디오도 효과가 좋다. 어도비 보고서에 따르면 2014년 1사분기 비디오 포스트의 참여율은 매년 25퍼센트 이상, 분기마다 58퍼센트 증가했다.

◆ **짧은 길이를 유지한다.** Rule 57에 소개된 표를 참고하여 포스트 길이는 100~140자로 제한한다.

Rule 62

붐비는 플랫폼,
링크드인에 글쓰기

링크드인이 비즈니스의 세계에서 활발한 교류의 장으로 입지를 다져가는 모습을 보면 감개무량하다. 나는 링크드인이 소셜미디어 플랫폼의 다크호스가 되리라고 오랫동안 기대해 왔다. 아무리 못해도 성실한 워크호스는 될 거라고 예상했다. 트위터가 모르는 사람을 만나러 가는 곳이고, 페이스북이 아는 사람과 이야기하러 가는 곳이라면 링크드인은 업무를 함께 처리하러 모이는 곳이다.

디지털 명함정리기에 불과했던 링크드인이 가치 있고 흥미로운 공간으로 거듭날 수 있었던 것은 콘텐츠의 일상적인 목적지가 되기 위한 노력의 결과다. 링크드인에서 개인 가입자는 자신의 프로필을 관리하고, 기업은 회사 페이지를 만들고, 여론 주도층을 팔로우하고, 모바일 앱 펄스를 이용해 뉴스와 업데이트를 확인하고, 회사의 브랜드, 제품, 서비스를 홍보하는 쇼케이스 페이지를 만들 수 있다.

이제 링크드인은 매우 붐비는 플랫폼이 되었다. 마케터들은 어떻게 하면 링크드인의 폭넓은 서비스를 십분 활용할 수 있을까? 나는 링크드인의 콘텐츠 마케팅 책임자 제이슨 밀러에게 링크드인에 적합한 콘텐츠를 만드는 방법을 물었다.

앤 핸들리: 링크드인 이용자가 반드시 갖춰야 할 것은 무엇인가요?

제이슨 밀러: 세 가지가 있습니다.

1. 최적화된 프로필. 풍부한 키워드를 포함한 설명, 눈에 띄는 헤드라인, 블로그에 연결된 링크, 트위터 핸들, 그리고 가장 중요한 것은 적절한 콘텐츠를 꾸준히 공유하는 프로필입니다. 개인의 브랜드를 확립하기에 좋을 뿐 아니라 회사의 핵심 콘텐츠로 바로 이어 주는 훌륭한 수단이죠.

2. 믿을 만한 회사 페이지. 회사 페이지는 무엇보다 정확하고 완벽한 설명이 우선입니다. 흥미진진한 배너를 추가하고 관련 콘텐츠를 적극 공유하는 것은 그 다음이죠.

3. 유용한 뉴스나 지식을 모아 회사 페이지에 게시하는 습관. 회사 페이지에 실을 유용한 콘텐츠를 수집하는 방법은 다양합니다. 매일 아침 펄스를 확인하며 여론 주도층을 추적하는 방법부터 관련 회사나 다른 혁신 리더를 팔로우하는 방법까지, 관련 콘텐츠를 찾아 편집하고 공유하기란 어렵지 않습니다.

앤: 이런 방법으로 더 효과적인 결과를 얻는 요령이 있나요?

제이슨: 꾸준히 계속하고 결과도 확인해야 합니다. 회사 페이지의

분석 자료를 바탕으로 어떤 방법이 효과가 있는지 추적하고 스폰서 업데이트를 활용해 규모를 키워 보세요.

직원들의 역할도 중요합니다. 직원들에게 뉴스와 업데이트를 공유할 권한을 주고 그들의 프로필을 최적화하는 법을 교육하면 그들의 인식을 높이고 잠재 고객을 확보하는 데 모두 효과가 있습니다.

앤: 콘텐츠를 개인적으로 공유하는 게 좋을까요, 아니면 회사 페이지를 통하는 게 나을까요?

제이슨: 두 가지 모두 필요합니다. 회사 페이지가 메시지 전달의 허브 역할을 하고 직원들이 개인적인 네트워크로 관련 업데이트를 공유하면 대중의 접근과 참여를 크게 늘릴 수 있겠죠.

앤: 포스팅의 시기와 주기는 어느 정도가 적절할까요?

제이슨: 회사 페이지와 쇼케이스 페이지를 직접 관리해 본 결과 하루 3~5회가 적절한 것 같습니다. 세계적으로 알려진 기업이라면 밤 시간대에도 메시지를 올리는 것이 좋겠죠. 메시지가 큰 호응을 얻으면 스폰서 업데이트를 운영해 보세요.

업데이트의 타이밍을 정하기 위해서는 목표 고객의 유형을 잘 파악해야 합니다. 목표 고객이 통제가 심하거나 빡빡한 환경에서 일하는 사람들이라 근무시간에 업데이트를 확인할 수 없다면(금융업이나 보건업종) 아침, 저녁, 주말에 하는 것이 좋습니다. 주로 대중교통으로 출근하는 사람들이라면(뉴욕, 시카고 등지에 거주하는 전문직 종사자) 아침과 저녁, 출퇴근 시간이 좋겠죠.

앤: 링크드인이 단순한 디지털 명함정리기가 아닌 콘텐츠 플랫폼이 되면서 가장 큰 관심과 참여를 유도한 업데이트나 포스트는 무엇인가요? 뉴스 헤드라인인가요? 아니면 보다 일반적인 정보나 산업계 소식인가요?

제이슨: 무엇보다 콘텐츠가 가장 큰 역할을 했습니다. 정확히 말하자면 전문적 콘텐츠죠. 전문가들은 전문적 소셜 네트워크에서는 일반 소셜 네트워크에서와 매우 다른 행동을 보입니다. 링크드인에서는 콘텐츠를 소비하는 방법도 다르더군요.

사람들은 다른 소셜 네트워크에서는 시간을 소비하지만 링크드인에서는 시간을 투자합니다. 사실 링크드인의 콘텐츠 페이지 조회수는 직무 활동 페이지보다 7배나 많습니다. 우리는 가입자들이 자신의 분야에서 성공할 수 있도록 영감과 지식을 전달하는 전문 콘텐츠를 제공하려 노력합니다.

성공적인 기업과 브랜드는 그런 콘텐츠를 적절히 활용할 줄 압니다. 고객이 선호하는 콘텐츠가 무엇인지 알아내려면 약간의 시행착오가 필요합니다. 브랜드에 적합한 포스트의 유형을 일단 찾으면 스폰서 업데이트를 사용해 그 효과를 측정할 필요가 있습니다. 회사나 브랜드 이야기만 하지 말고, 고객에게 도움이 되면서 당신의 제품이나 서비스와도 관계가 깊은 콘텐츠를 공유해야 한다는 사실을 잊지 마세요.

'항상 거래를 성사시켜야 한다'는 사고방식을 '항상 도움이 되어야 한다'로 바꿔야 합니다. 링크드인은 고객과 관계를 맺고 그들의 신뢰를 얻기 매우 좋은 곳입니다.

앤: 다른 종류의 업데이트가 스폰서 업데이트에도 통하나요? 아니면 그저 관련 포스트의 참여율만 높일까요?

제이슨: 비즈니스의 목적과 마케팅 목표에 달려 있어요. 스폰서 업데이트는 잠재 고객 확보, 브랜드에 대한 인식 제고, 행사 등록에 매우 유용합니다. 일단 목표를 정하고 나서 페이지에 콘텐츠를 게시하고 최고의 결과를 위해 메시지를 최적화하세요. 강력한 결과를 얻을 수 있는 몇 가지 요령을 소개합니다.

◆ 도입부와 헤드라인을 최적화하고 자신의 견해를 더하세요.

◆ 기자들처럼 간결한 도입부와 재치 있는 헤드라인을 써서 클릭률을 높여 보세요.

◆ 링크 등 명확한 행동유도장치를 항상 포함하세요.

◆ 이미지 등을 풍부하게 활용하세요. 이미지를 넣으면 댓글이 달릴 비율이 89퍼센트나 높아집니다.

◆ 가입자의 필요나 관심에 부합하는 콘텐츠를 제공하세요.

◆ 흥미롭고 가치 있는 콘텐츠를 만드세요.

◆ 참여 현황을 파악하여 업데이트를 관리하고 댓글을 확인하여 후속 조치를 취하세요.

앤: 링크드인 페이지에서는 '스토리를 말해야' 하잖아요. 그건 누가 가장 잘하죠?

제이슨: B2B이든 B2C이든 링크드인 회사 페이지를 통해 자신의 이야기를 기막히게 전달하는 회사는 얼마든지 있습니다. 지금 떠오르는 B2B 가운데 하나가 바로 어도비입니다. 그들은 회사 페이지와 쇼케이스 페이지에서 매력적인 콘텐츠와 훌륭한 디자인을 바탕으로 그들의 다양한 제품군에 대한 스토리를 전달합니다.

Adobe #Adobe Originals turns 25, and we're celebrating with the release of our 100th #typeface - free to you - and a look back at our typographic history: http://adobe.ly/Type25.

Like (295) · Comment (4) · Share · 1 day ago

Cindy Mines, Kevin Wolff +293

▲ 어도비의 성공적인 링크드인 회사 페이지.

B2C의 좋은 예는 시크릿 데오드란트의 쇼케이스 페이지입니다. '직장에서의 자신감'이라는 주제를 콘텐츠 전체에 반영해 인식과 참여를 높이는 것이죠.

앤: 데오드란트라고요?

제이슨: 네. B2C 카테고리는 최근에 만들었죠.

앤: 링크드인 업데이트 작성은 다른 소셜네트워크의 글쓰기와 어떻게 다른가요? 서로 다른 규칙이 적용되는 건가요?

제이슨: 분명히 차이점이 있어요. 링크드인에 업데이트를 쓸 때는 어떤 고객을 타깃으로 하는지 반드시 염두에 두어야 해요. 고위경영진, 중간관리자, 매니저 등을 위한 메시지만 올리지는 않나요? 링크드인에서 목표 대상을 잘 겨냥하면 특정 범위의 고객에게 당신의 메시지를 충실히 전달하고 그들의 참여를 유도할 수 있습니다.

Rule 63

링크드인 프로필을 쓸 때
남과 다르게

당신을 '조직 전체를 아우르는 효과적인 혁신 프로그램을 책임지고 있는 유능하고 열정적인 전문가'라고 소개하겠는가? 제발 그건 아니길 바란다. 진짜 그렇게 한다면 링크드인의 다른 전문가 수백만 명과 별로 다를 게 없다는 뜻이다. 링크드인은 300만 이상의 회원을 보유한 세계 최대의 전문가 네트워크이기 때문이다.

이 책 2장과 3장에서 다른 사람이 아닌 자신을 가장 잘 설명하는 표현을 사용하라는 얘기를 했다. 소셜미디어 소개란은 물론 링크드인 프로필을 쓸 때도 자신을 설명하는 단어를 신중하게 선택해야 한다는 뜻이다.

지난 4년간 링크드인은 매년 회원 프로필에서 가장 흔히 쓰인 단어를 발표했다. 세계적으로 링크드인에서 가장 남용되는 유행어는 '책임'이다. 아래 목록에 열거된 단어들보다 2배나 많이 사용되고 있다고 한다.

2013년의 인기 단어는 다음과 같다.

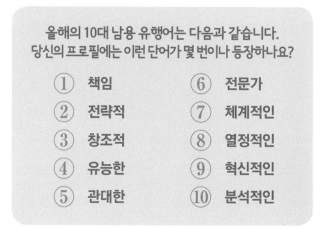

올해의 10대 남용 유행어는 다음과 같습니다.
당신의 프로필에는 이런 단어가 몇 번이나 등장하나요?

① 책임　　　　　⑥ 전문가
② 전략적　　　　⑦ 체계적인
③ 창조적　　　　⑧ 열정적인
④ 유능한　　　　⑨ 혁신적인
⑤ 관대한　　　　⑩ 분석적인

▲ 링크드인은 매년 회원 프로필에서 가장 흔히 쓰인 단어를 발표한다.

다른 사람과 똑같아질 이유는 없다. 남들과 차별화할 수 있는 단어를 찾고 당신의 그런 특징을 구체적인 예로 뒷받침하자. 링크드인의 경력 관리 전문가 니콜 윌리엄스는 이렇게 조언한다.

당신의 성과를 남들과 구별되는 독특한 언어로 설명하세요. 그리고 링크드인 프로필에 그런 성과를 증명하는 사진, 동영상, 프리젠테이션을 추가하세요. 당신이 책임감이 강하고 전략적이라고 백 번 말하는 것보다 그것을 증명하는 구체적인 예를 한 번 제시하는 편이 훨씬 낫습니다.

니콜은 다음과 같은 **두 가지 제안**을 했다.

1. 적극적인 단어를 사용하고 가시적인 성과를 언급한다. 당신의 업적을 구체적으로 밝히고 능동적인 단어로 설명을 덧붙인다. '콘텐츠 마케팅 프로그램의 책임자'라고만 하지 말고 '지난 3년간 블로그 구독자가 70퍼센트 증가하면서 잠재 고객도 15퍼센트 늘었다'라고 표현한다.

2. 구직자라면 입사를 희망하는 회사의 언어를 반영한다. 구직자의 경우 입사를 원하는 회사의 희망 직무를 염두에 두고 맞춤형 프로필을 작성하는 것이 좋다. 인사담당자의 눈에 띄는 가장 좋은 방법은 희망하는 조직에서 통용되는 언어를 사용하는 것이다. 링크드인에서 희망하는 회사를 팔로우하면 그들의 비즈니스 목표와 특성을 이해할 수 있고 그들이 그 목표를 설명하기 위해 어떤 용어를 사용하는지도 알 수 있다. 기업 입장에서는 그들이 어떤 기업이며 무슨 일을 하는지 이해하는 사람을 채용하길 원한다. 따라서 그들과 같은 언어를 사용하는 사람에게 더욱 친근감을 느낄 것이다.

한마디로 그 조직에서 사용하는 언어를 그대로 채택해야 한다. 직업을 구하고 있든 아니든 이 원칙은 똑같이 적용된다. 프로필은 당신이 링크드인에서 하고 있는 콘텐츠 마케팅을 보충하는 자료다. 프로필 역시 다른 콘텐츠처럼 특정 목표의 독자나 업계의 언어로 그들에게 다가가야 한다.

링크드인 활용 팁은 다음과 같다.

◆ **링크드인의 도메인 주소 vanity URL을 확보한다.** 기억하기 쉽고 전문적인 인상을 주며 공유하기도 편리한 프로필이 된다.

◆ **자신을 상징하는 키워드를 정한다.** 그 단어를 헤드라인과 요약에 포함시켜 프로필을 최적화한다.

◆ **프로필 설정을 바꾼다.** 링크드인 초기 설정을 그대로 사용하지 말자. 물론 링크드인의 프로필은 표준 형식이지만 항목의 위치를 바꾸고, 다른 미디어를 삽입하고, 구체적인 헤드라인을 포함시키는 등 변화를 주는 것이 좋다.

마케팅프로프스에서 함께 일했던 영업사원 토비어스 슈레머에 따르면, 헤드라인을 어떻게 써야 할지 막막할 때는 링크드인 자체에서 아이디어를 얻을 수 있다고 한다. "프로필에서 편집 모드에 들어가면 두 가지 옵션이 나타나요. 작성 예도 보여 주고, 동종 업계의 사람들이 어떤 표현을 사용하는지도 알려 주죠." 아이디어가 떠오르지 않아 고민이라면 그것을 참고해 자기만의 헤드라인을 만들어 보자.

Rule 64

열어 보게 만드는
e메일 쓰기

<u>당신의 e메일 리스트에 있는</u> 사람들은 e메일 수신에 동의
한 사람들이다. 적어도 그랬기를(당신이 수신동의자의 목록을 관리하기를)
바란다. 받은편지함이라는 비교적 친밀한 공간에 초대받아 수신자
와 교류할 수 있다는 것은 엄청난 특권이다.

날마다 발송되는 마케팅 e메일의 양은 어마어마하지만 e메일 마
케팅의 예상 성장률과 e메일 확인율은 매우 보잘것없다는 점을 생
각해 보면 우리가 메일을 보내는 방식에 문제가 있는 것이 틀림없다.
많은 사람이 e메일을 여전히 일방적인 통보 수단으로 생각한다. 각
수신자에게 가장 적절한 메시지를 보내기 위해 발신 목록을 세분
한다거나, 독자에게 가장 효과가 있는 방법을 찾기 위해 다양한 방
법을 적용해 보려는 노력 따위는 하지 않는다.

다시 말해 지금이야말로 당신의 e메일 콘텐츠에 대해 다시 한 번
생각해 봐야 할 때다. 당신이 e메일에 쓰는 내용, 그것을 보내는 이

유와 방법에 대해 반성해야 할 때가 되었다는 얘기다. 앞에서 나는 독자와 입장을 바꿔서 생각하라고 말했다. 여기서는 수신자와 입장을 바꿔서, 어떻게 해야 상대방이 당신의 e메일을 열어 보고 싶을지 생각해 보기 바란다. **e메일 마케팅 글쓰기의 일반적인 요령**은 간단하다.

1. 제목을 짧게 쓴다. e메일의 제목이 6~10단어일 때 열어 볼 확률이 가장 높다. 그런데 마케팅 업체 리텐션 사이언스가 2억 6,000만 건의 수신된 e메일과 540건의 광고를 분석한 2014년 3월 보고서에 따르면 마케터가 보내는 e메일의 제목은 대부분 11~15단어다.

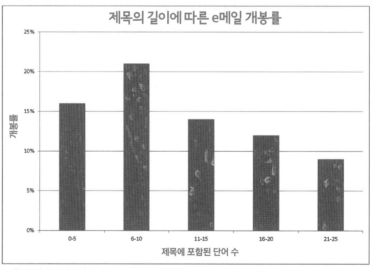

※ 출처: 리텐션 사이언스.

2. 단어 선택에 지나치게 구애받지 않는다. 마케터들은 제목에 무료, 평생(또는 비아그라 신속 배달) 등 스팸 필터에 걸릴 만한 단어는 사용을 피해야 한다고 알고 있다. 하지만 특정 단어를 포함하는 것보다 더 주의해야 할 사항이 있다.

- 하나의 제목에 ! ? 등의 부호를 너무 많이 사용하는 경우

- 제목 맨 앞에 $을 붙이는 경우

- 거짓 약속으로 수신자를 현혹하는 제목을 붙이는 경우

3. 수신자의 이름을 표시한다. 마케팅 업체인 리텐션 사이언스의 보고서에 따르면 제목에 수신자의 이름을 표시했을 때는 이름이 없을 때보다 15.7퍼센트에서 18.3퍼센트로 개봉률이 높아진다.

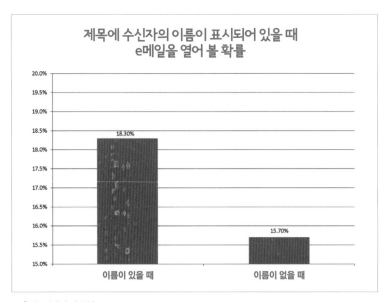

※ 출처: 리텐션 사이언스.

4. 본문은 짧게 쓴다. 어떤 콘텐츠든 간결함이 생명이다. 독자 대부분은 스마트폰의 제한된 화면으로 이메일을 확인한다. 따라서 곧장 논점으로 들어가야 한다(2013년 4분기 기준으로 휴대기기에서 확인한 e메일은 전체의 55퍼센트, 클릭 건수는 37퍼센트에 이르렀다). 하지만 e메일을 쓸 때 콘텐츠 자체에 공을 들여야 하고 수신자별로 다른 접근법이 필요하다는 조언은 별로 들어 본 적이 없다.

5. 사람이 사람에게 쓴 것처럼 보여야 한다. 사람이 사람에게 쓴다는 생각을 가져야 한다. 발신자를 회사의 브랜드명으로 표시하더라

From: TaskRabbit <no-reply@taskrabbit.com>
Date: February 13, 2014 10:25:00 AM EST
To: Ann <ann@marketingprofs.com>
Subject: Enough with the snow already
Reply-To: TaskRabbit <no-reply@taskrabbit.com>

TaskRabbit   View this email as a webpage.

발신자: 태스크래빗

쌓인 눈을 치워야 하는데 막막하시다고요? 저희 태스크래빗은 고객님이 평소처럼 집을 편하게 드나드실 수 있도록 현관 입구와 차량 진입로, 통행로에 쌓인 눈을 말끔히 치워 드립니다. 저희 직원에게 수고했다고 코코아 한 잔을 건네 주시지 않아도 좋습니다. 태스크래빗이 집 앞에 쌓인 눈을 치우는 동안 당신은 집 안에서 따뜻한 코코아를 마시며 여유를 누리세요.

Get snow removal help

Do what you love.

▲ 좋은 e메일의 요건을 갖추고 있는 태스크래빗 발신 e메일.

도 콘텐츠는 사람이 사람에게 직접 말하는 듯한 자연스런 언어로 표현해야 한다(나, 우리, 당신이라는 말을 사용한다).

아르바이트 중개 사이트 태스크래빗이 보내 온 다음 e메일이 좋은 예다. 사람 이름이 아닌 회사 이름으로 보냈지만 내가 강조하는 인간적인 섭근법을 잘 보여 주고 있다.

이 e메일의 훌륭한 점은 무엇인가?

● **상황.** 이 e메일은 보스턴에 불어닥친 강한 눈보라가 우리 집 진입로를 휩쓸고 지나간 2월 13일에 도착했다.

● **엄청난 공감을 불러일으킨다.** 나는 쌓인 눈을 더 이상 두고 볼 수가 없어서 이 e메일을 열었다. 본문에 쓰인 문구 또한 나의 감정에 강하게 호소했다. 아침에 눈을 떴더니 밤새 눈이 50센티미터나 쌓여 있고 차가 그 어딘가에 묻혀 있을 거라 생각하니 눈물이 날 지경이었다. 태스크래빗은 이 e메일에서 그런 심정을 깊이 헤아려 '괜찮아요. 우리가 도와줄게요'라고 위로하고 있다.

● **인간의 목소리로 말을 건넨다.** e메일에서 태스크래빗은 두루뭉술하고 딱딱한 태도로 말하지 않는다. 이를테면 "또 한 차례의 폭풍우로 보스턴 전역의 가정집 문간에 50센티미터의 눈이 쌓였습니다. 태스크래빗은 집주인을 대신해 눈을 깨끗이 치워드립니다"처럼 말이다. 당신이라는 말을 수차례 반복해 이 e메일이 태스크래빗이 아닌 나에 대한 내용, 태스크래빗이 나를 어떻게 도울 것인가에 대한 내용임을 강조한다. 사소한 차이지만 효과는 크게 다르다.

● **생생한 이미지를 사용한다.** 광고 사진이 광고 사진처럼 보인다

면 한물갔다고 봐야 한다. 태스크래빗은 누군가 스마트폰으로 직접 찍었을 법한 이미지를 사용했다. e메일에는 가능하면 인스타그램 또는 핀터레스트에서 가져온 사진이나 직원이 찍은 사진을 넣자.

● **구체적인 행동유도장치가 있다.** 커다란 오렌지색 박스는 지금 당장 눈 치우기 서비스를 신청하라고 우리를 유혹한다. 막연히 '지금 전화 하세요' 또는 '연락하기'라고 하지 않는다. 카피해커스의 조애너 위베는 지난 5월에 덴버에서 열린 오소리티 인센티브 회의에서 이렇게 설명했다. "행동의 절차를 강조하지 말고 그 가치를 강조하세요. '무료 체험 시작하기' 대신 '번거로운 스케줄 끝내기'라고 표현하세요."

앞에서 나는 e메일의 문구를 짧게 줄여야 한다고 강조했다. 그렇다면 언제나 짧은 것이 더 좋을까? 꼭 그렇지만은 않다. 나의 받은 편지함에서 가장 마음에 드는 e메일은 마리아 포포바의 블로그 '브레인피킹스'(BrainPickings.com)에서 매주 보내는 뉴스레터다. 포포바에 따르면 브레인피킹스는 자칭 '인력으로 돌아가는 흥미 위주의 검색엔진'이다.

받은편지함 속의 다른 메일들과 달리 그것은 빨리 읽을 수 없다. 브레인피킹스 기사에 연결된 링크가 여러 개 딸려 있고 분량도 엄청나게 많다. 그런데도 나는 매주 일부러 시간을 내어 그것을 꼼꼼히 읽는다. 그것을 읽을 때 나는 영감과 재미를 얻고, 조금 더 유식해진다는 느낌을 받는다.

그러면 태스크래빗과 브레인피킹스에서 공통적으로 뽑아낼 수 있는 교훈은 무엇일까? 어떻게 하면 독자를 도울 수 있을지에 가장 중점을 두었다는 점이다. 그들은 우리 삶을 말 그대로(태스크래빗) 또는 상징적으로(브레인 피킹스) 윤택하게 만드는 것이다.

반응 없는 수신자의 마음을 돌리는 법

일정 기간 단체 e메일을 발송해 보면 당신의 메시지를 노상 무시하는 사람들의 목록을 뽑아낼 수 있을 것이다. 그들에게는 더 이상 희망이 없다고? 꼭 그렇지는 않다. 《레벨의 e메일 마케팅 가이드 *The Rebel's Guide to E-mail Marketing*》의 공동저자 D. J. 월도는 예상 밖의 방법으로 관계를 쇄신하라고 제안한다.

발신 목록을 정리해 최근에 e메일을 열지 않은 사람들을 위해 정성껏 메시지를 작성하되, 다소 엉뚱한 콘텐츠를 담는다. 충격적이든 유머러스하든 브랜드의 이미지와 맞아야 한다. 월도는 수신자의 반응과 참여를 유도하려면 평소와는 정반대의 시도를 하라고 말한다.

그럼에도 반응이 없는 메일 주소는 어떻게 할까? 막상 발신 목록에서 지우려고 하면 아까운 생각이 들어 망설이게 된다. 그러나 월도는 이렇게 말한다. "e메일 메시지는 당신의 이야기를 듣고 싶어 하는 사람에게 전달해야 원하는 결과를 얻을 수 있다." 그러니 웬만큼 노력해도 성과가 없으면 리스트에서 과감히 제거하자.

Rule 65

회사의 명함,
랜딩페이지 쓰기

<u>아들 에반스가 서너 살이었을</u> 무렵의 일이다. 어느 비오는 날 오후에 아들을 데리고 해변에 있는 오락실에 갔다. 나는 번쩍이는 화면과 현란한 액션, 다양한 게임을 보면 아들이 신나게 몇 시간을 보낼 수 있으리라 생각했다.

하지만 아들은 오락실 한가운데에서 어쩔 줄 모르며 머뭇거리기만 했다. 내키지 않는 듯 공 던지기를 몇 번 하더니 나를 돌아보며 말했다. "엄마, 그만해도 돼요? 이제 집에 갈래요."

웹사이트 랜딩페이지도 오락실 같은 분위기를 풍길 때가 많다. 방문자를 초청해 사이트로 안내하기보다 오히려 당혹스럽게 만든다. 물론 그럴 때 방문자는 내 아들처럼 출구를 찾아 '돌아가기' 키를 누르고 만다.

랜딩페이지는 e메일, 소셜미디어, 광고 등으로 유인한 이용자를 데려오는 곳이다. 명함이 개인을 알리는 홍보 수단이라면 랜딩페이지는 상품이나 회사의 명함이라고 볼 수 있다. 이 페이지는 방문자를 잠재 고객으로 바꾸기 위해 유인 장치 뒤에 구미가 당기는 제안을 준비해 둔다. 랜딩페이지는 방문자를 목적 페이지로 데려가 어떤 조치를 취할지 정확히 알려 주어야 한다.

다음 그래픽은 랜딩페이지의 나쁜 예다. 내 피드에서 페이스북 광고를 우연히 클릭했다가 이르게 된 페이지다. (여담: 페이스북 광고 중에는 랜딩페이지 불명예의 전당에 오를 만한 후보가 많다. 당신의 피드에서 몇 개를 클릭해 보면 내 말이 무슨 뜻인지 알 것이다.)

▲ 어도비의 랜딩페이지.

나는 '크리에이티브 클라우드' 계획이 무엇인지 모른다. 포토샵과 라이트룸의 차이도 모른다. 당신이라면 잠깐 검색해 보면 알겠지만, 나 같은 사람은 한참을 조사해 봐야 이해할 수 있는 내용이다.

역시 어도비가 만들었지만 훨씬 나은 랜딩페이지를 소개한다.

▲ 개선된 어도비의 랜딩페이지(한국어 페이지로 게재).

역시 훨씬 낫다. 크리에이티브 클라우드로 무엇을 할 수 있는지, 필요한 도구는 어떻게 이용할 수 있는지 알려 준다.

훌륭한 랜딩페이지를 만들기 위해서는 예술과 과학이 필요하다.

잘 만든 랜딩페이지는 방문자에게 충분한 정보를 제공한다. 랜딩페이지는 다음 세 가지 사실을 전달해야 한다. 방문객이 어디 있는지(어디에 이르렀는지), 그들이 고객에게 무엇을 해 줄 수 있는지(그리고 그것이 얼마나 굉장한지), 그 믿을 수 없을 만큼 굉장한 것을 손에 넣거나 더 잘 알고 싶다면 어떻게 해야 하는지.

의욕이 지나친 나머지 랜딩페이지에 이것저것 추가하여 오락실처럼 만들려는 유혹을 받기 쉽다. 하지만 랜딩페이지는 바보도 이해할 만큼 단순하고 명확해야 한다. 앞에서도 누차 강조했듯 적은 것이 더 나을 때가 많다.

랜딩페이지를 효율적으로 구성하는 방법을 소개한다. 구경만 하던 사람을 구매자(또는 구독자)로 끌어들이거나 적어도 관계를 조금 더 발전시킬 수 있는 방법이다.

1. 메시지와 약속을 일치시킨다. 만약 광고에서 잠재 고객 또는 현 고객이 원하는 것(당신의 제품에 대한 구매 가이드를 담은 e북)을 약속했다면 무슨 일이 있어도 방문자에게 그것을 제공해야 한다.

하지만 '메시지 불일치'는 너무 흔히 나타난다. 마케팅 기술 회사 실버팝은 150개의 랜딩페이지를 조사한 결과, 성공적인 랜딩페이지의 경우 당초에 클릭을 유도한 e메일 내용과 페이지의 홍보 문구가 일치한다는 사실을 발견했다. 그러나 실패로 평가받은 랜딩페이지의 45퍼센트는 e메일의 홍보 문구를 헤드라인에 반복하지 않았다. 누군가에게 약속을 해 놓고 약속과 전혀 다른 경험을 안겨 주면 곤란하다.

2. 좋은 것을 준다. 며칠 전에 나는 가족끼리 여행하기 좋은 카리브해의 휴양지를 소개한다는 링크를 클릭했다가 다운로드하고 나서야 그것이 특정 리조트의 홍보 책자라는 사실을 알게 됐다. 나는 속았다는 기분이 들었다. 이 페이지는 잠재 고객에게 씁쓸함을 안겨 준

것이다. 랜딩페이지에서 다운로드할 수 있는 자료는 반드시 쓸 만한 것이어야 한다. 당신의 잠재 고객이 좋아할 자료인지 실망할 자료인지 따져 봐야 한다.

3. 너무 많은 정보를 담지 않는다. 페이지에 너무 많은 정보를 꽉 꽉 채우면 잠재 고객은 하이퍼링크의 숲에서 헤매다가 엉뚱한 길로 빠지고 만다(오락실에 간 우리 아들을 떠올려 보자). 광고회사 이온 인터랙티브의 회장 겸 공동설립자 스코트 브링커는 이런 경향을 긴 문구와 설명으로 페이지를 무겁게 만드는 '축 처진 페이지 신드롬'이라 부르며 다음과 같이 말한다.

"한 페이지 안에 너무 많은 것을 우겨 넣으면 수신자에게 그것을 모두 살펴봐야 하는 부담을 주게 됩니다. 아쉽게도 그들은 그렇게 할 만큼 당신에게 관심이 없습니다."

4. 어떤 이익을 줄지 헤드라인에 명시한다. 고객에게 어떤 이익이 돌아가는지 밝히면서 당신의 제안을 다시 한 번 반복한다. 제품 위주의 헤드라인은 제품이나 서비스가 얼마나 대단한지를 강조한다. 혜택 위주의 헤드라인에서는 제품이나 서비스가 고객을 위해 무엇을 할 수 있는지 강조한다.

마케팅프로프스에서 우리는 계획 도구를 홍보하는 랜딩페이지를 두 가지 버전으로 만들어 효과를 비교해 보았다. 첫 번째 랜딩페이지에는 "지금 가입하여 스마트 툴을 이용해 보세요"라고 썼고 두 번째에는 "스마트 툴로 성공적인 소셜미디어 캠페인을 만들어 보세요"라고 썼다. 전자는 제품을 내세우지만 후자는 가입자가 얻을 수 있는 것이 무엇인지 알려 준다. 당연하겠지만 혜택 위주의 두 번째 랜딩페이지가 제품 위주 페이지보다 효과가 26퍼센트나 높았다.

5. 부제와 카피는 간결하게. 헤드라인 아래의 부제에는 당신의 제품이 주로 어떤 혜택을 주는지 설명하기에 좋다. 부제를 '길게 쓸 것인가 간략히 쓸 것인가'에 대해서는 마케팅 업계 내에서 의견이 분분하다. 나의 경우 말은 줄이고, 동영상이나 그래픽 등 금방 눈에 들어오는 자료를 덧붙인다.

주의사항 한 가지: 페이지가 뜨는 순간 동영상이나 오디오가 저절로 재생되게 설정해서는 안 된다. 짜증을 유발할 뿐더러 갑자기 요란한 소리가 터져 나와 사람들을 깜짝 놀라게 할 수도 있다. 조용한 사무실이라면 특히 곤란하다.

6. 이인칭 대명사와 능동형 동사를 사용한다. 랜딩페이지에 도착한 사람은 뭔가 기대를 하고 있다. 관심이 있어서 그곳에 찾아왔기 때문이다. 그러니 랜딩페이지 방문자에게 '당신'이라는 단어를 써서 직접 말을 걸고, 그들을 대하는 태도에 걸맞은 능동형 단어를 사용해야 한다. 애매모호한 '가입하기', '제출하기' 대신 '획득하기', '시작하기' 등을 사용하자.

7. 명확하게 표시한다. 일단 방문자가 랜딩페이지로 찾아왔다면, 다음에는 무엇을 할지 명확하게 알려야 한다. 잘 보이는 위치에 행동유도장치를 배치하고 어떤 표현이 가장 효과가 있는지 시험해 본다. 몇몇 연구에 따르면 '구독'이라고 표시된 구독 버튼은 '지금 다운로드', '시작하기', '견적 받기' 등 적극적인 단어보다 효과가 적다고 한다.

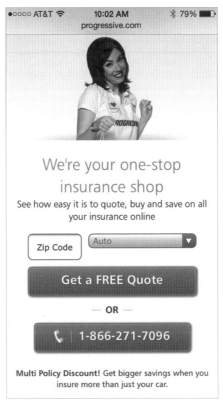

▲ 행동유도장치가 눈에 띄게 들어가 있는 프로그레시브 모바일 랜딩페이지.

Rule 64에서 조애너 위베가 '행동이 아닌 가치를 강조하라'고 제안했듯이, 랜딩페이지에서는 행동을 부추기는 표현을 사용해도 좋다. '절약 시작하기', '간편하게 입금하기' 또는 '무료상담 받기' 등 (물론 너무 귀여운 척하거나 명확성을 희생하지 않는 범위 내에서). 다만 버튼은 4B, 즉 big(큰), bright(밝은) bold(진한), blindingly obvious(아주 선명한)에 따라 눈에 잘 띄게 표시해야 한다.

8. 말하지 말고 보여 준다. e메일 테스트·분석 회사 리트머스 (Litmus.com)가 뉴스레터 신청 랜딩페이지에서 색상과 대비를 활용해 방문자가 정확히 무엇을 신청하는 것인지 알려 주는 방식은 무척 인상적이다.

▲ 색상과 대비를 잘 활용한 리트머스 랜딩페이지.

자동차 보험회사 프로그레시브(progressive.com)가 모바일 랜딩페이지에서 사용한 아이콘 방식도 눈여겨볼 만하다. 다양한 옵션을 드롭다운 텍스트 메뉴로 표시할 수도 있겠지만 이 방식이 훨씬 나은 것 같다.

9. 단순함을 유지한다. 잠재 고객을 확보하려면, 랜딩페이지 가입 시 방문자에게 꼭 필요한 정보만을 제출하도록 요구한다. 그래야만 짜증을 돋우지 않고 순순히 가입하도록 유도할 수 있다.

'단순함'에는 본문을 작은 덩어리로 쪼개고, 단어와 이미지의 수를 최대한 줄여 핵심만 전달하는 것도 포함된다. 페이지의 내용이 적으면 상단에 중요한 정보를 모두 담을 수 있으므로 화면을 스크롤할 필요가 없어진다.

10. 신뢰 지표와 사회적 검증으로 방문자의 불안감을 줄인다. 당신의 신뢰도를 증명하는 지표를 제시하여 방문자에게 신뢰를 준다. 추천사, 언론 보도 내용, 제3자의 인증, 보안 인증, 고객만족 보증 등이 이에 해당한다. 일부 랜딩페이지에는 블로그 댓글이나 페이스북, 트위터의 팔로워 수 같은 '사회적 검증'도 제시한다. 사회적 검증은 다른 사람들도 당신의 회사와 관계를 맺고 있다는 사실을 보여 주어 신뢰를 강화한다. 하지만 개인적으로 사회적 검증은 다른 콘텐츠 페이지에 실었으면 좋겠다. 랜딩페이지는 내용이 적을수록 아름답다.

11. 테스트. 당신의 제품과 서비스는 독특하겠지만 당신의 고객도 독특하기는 마찬가지다. 따라서 당신과 고객에게 가장 적합한 것이 무엇인지 시험해 볼 필요가 있다. 가장 손쉬운 방법은 단순한 A/B 테스트다. 두 가지 버전을 제공해 보고 어느 것이 더 효과가 있는지 확인하는 것이다. 먼저 사과와 오렌지를 비교해 보고 그 결과에 따라 방법을 수정한다. 사과가 더 효과적이라고 판명되면 홍옥과 아오리 중 무엇이 나은지 비교한다.

실패한 랜딩페이지의 예

　실버팝은 150개 회사의 랜딩페이지를 조사해 본 결과, 그 중 상당수가 고객이나 잠재 고객의 관심을 얻는 데 실패해 컨버전의 기회를 놓쳤다고 밝혔다.

◆ 헤드라인에서 e메일의 홍보 문구를 반복하지 못한 랜딩페이지: 45퍼센트
◆ 외양과 느낌이 최초의 제안과 어울리지 않는 랜딩페이지로 고객을 혼란에 빠뜨린 회사의 수: 10곳 중 3곳
◆ 가입 양식의 기재 항목이 10가지 이상인 랜딩페이지: 45퍼센트
◆ 랜딩페이지에 내비게이션 바(주로 웹사이트 왼쪽에 세로로 위치하여 클릭을 통해 사이트 내의 정보에 쉽게 접근하도록 도와주는 그래픽 유저 인터페이스─옮긴이)가 있으면 방문자에게 혼란을 주어 최초의 전환 목표로부터 멀어지게 할 수 있지만, 랜딩페이지 10개 중 7개는 그것을 포함하고 있었다.
◆ 전문 작가들은 긴 카피보다 짧은 카피를 쓰기가 훨씬 어렵다는 사실을 알고 있다. 일부 마케터는 분명 쉬운 길을 택하고 있다. 랜딩페이지가 스크린 두 개 분량 이상의 텍스트를 담고 있어 스크롤이 필요한 랜딩페이지가 전체의 25퍼센트에 달한다.

※ 출처: 로렌 맥도날드, "e메일 마케팅의 기준: 최고를 따라잡는 법", 실버팝 웨비나, 2014년 5월 22일(www.silverpop.com/Documents/Whitepapers/2014/Email-Marketing-Metrics-Benchmark-Study-2014-Silverpop.pdf)

Rule 66

가장 중요한 요소,
헤드라인 쓰기

기똥차게 매력적인 헤드라인을 거침없이 써낼 수 있다면 생각지도 못한 좋은 일이 생긴다!

며칠 전 마케팅 기법에 관한 블로그에서 눈에 띄는 포스트를 발견했다. "25명의 놀라운 마케팅 연설가"라는 헤드라인으로 마케팅 업계의 유명 연설가들을 소개하는 글이었다.

대체 무엇이 놀랍다는 말일까? 스카이다이버 펠릭스 바움가르트너가 우주의 가장자리에서 목숨을 걸고 다이빙했던 이야기를 직접 들려주거나, 당신의 조카가 경기 종료 몇 초 전에 엔드 존에서 결승골을 터트리거나, 일 년 내내 통계학 때문에 골머리를 앓던 딸이 피나는 노력 끝에 A학점을 받아 오거나, 크리스마스 날 아침 산타가 최신 자전거쯤은 배달해야 비로소 놀랄 만한 일로 봐줄 수 있다.

그러면 놀랍지 않은 것은 무엇일까? 바로 마케팅 연설이다(누군가 무대에서 나체로 연설을 하지 않는 한).

버즈피드와 업워시는 인터넷 역사상 성장세가 가장 빠른 사이트다. 누구도 외면할 수 없는 매력적이고 기발하며 호기심을 자극하는 헤드라인을 써내는 능력도 거기에 한몫했다. "당신에게 일어날 수 있는 가장 나쁜 일 36가지"(버즈피드) "이 예쁜 햄은 당신의 식탁에 절대 오르지 못한다. 그 이유를 알면 할 말을 잃게 된다"(업워시) 등이 그 예다.

몇 가지 의미에서 나는 버즈피드, 업워시 등이 세상의 헤드라인에 미친 영향에 감사한다. 그들은 최고의 헤드라인은 (검색엔진만이 아닌) 인간의 사랑을 받아야 한다는 점을 강조했고, 브랜드 역시 누구나 친구와 공유하고 싶어할 만한 헤드라인을 만들어 낼 필요가 있다는 인식을 전파했다.

내 안의 스토리텔러는 그런 헤드라인이 포스트에 의미와 인간미를 한층 더 부여한다는 점에 대해서도 그들에게 감사한다. '운명의 여신에게 황당하고 처절하게 외면당한 이 남자' 같은 버즈피드의 헤드라인은 단도직입적인 헤드라인('운 없는 남자')보다 더욱 생생한 그림을 제공한다. 또 '남자'를 가리키는 '이'라는 단어는 스토리에 특별한 인간미를 부여한다.

하지만 마케터가 이 방법을 따라 하려면 여간 성가시지 않다. 거기에는 몇 가지 이유가 있다.

첫째로 대부분의 회사는 버즈피드처럼 화제를 낳는 콘텐츠를 만들 필요가 없고 그것을 바라서도 안 된다. 오히려 콘텐츠 마케팅의 목표는 대체로 겸손하고 장기적이다. 마케팅의 대상인 독자에게 도움을 주고, 그들을 위해 가치를 형성하며, 유용한 콘텐츠로 그들에게 감동을 주어 지속적인 관계를 형성하는 것이다.

둘째로 세일즈포스닷컴의 콘텐츠와 마케팅 수석책임자 데이비드 B. 토머스에 따르면 버즈피드식의 헤드라인은 독자의 신뢰를 잃을 수 있다고 한다. "버즈피드는 콘텐츠 마케팅의 원칙 중 몇 가지만 골라 한없이 물고 늘어지는 전략으로 역사상 가장 유명한 사이트가 되었다."

그는 버즈피드를 따라하고 싶은 충동을 느끼는 마케터들에게 이렇게 충고한다.

문제는 사람들이 그런 방식에 싫증을 내고 있다는 점이다. 물론 효과가 없는 것은 아니지만, 스팸 메일이나 자동녹음 전화도 효과가 있는 건 마찬가지다. 그렇다고 마케터들이 그런 수법을 택해서는 안 될 것이다.

왜 사람들은 '믿을 수 없고' '깜짝 놀랄 만한' 소식과 이야기를 들려준다는 약속에 싫증이 났을까? 왜냐면 이런 이야기들은 대개 전혀 놀랍지 않으며 믿을 수 없는 것도 아니기 때문이다. 기껏해야 조금 재미있는 정도다. 그렇게 과장된 헤드라인을 쓰면 독자를 기만하는 것이다. 전해 줄 수 없는 것을 약속하는 꼴이기 때문이다. 사람들을 불러 모아 놓고 실망만 시키는 것이다. 대체 언제부터 이런 행태가 비즈니스의 모범 사례가 되었나?

데이비드의 마지막 문장이 바로 내가 강조하고 싶은 말이다!

그렇다면 헤드라인을 쓰는 가장 좋은 방법은 무엇일까? 독자를 속이거나 실망시키지 않고 그들에게 가까이 다가갈 수 있는 헤드라인은 어떻게 써야 할까?

핵심은 이렇다. 글쓰기에 쏟는 시간 만큼을 헤드라인에 쏟는다. 즉 헤드라인을 가장 중요하게 떠받들어야 한다. 헤드라인은 케이크 위에 꽂는 초콜릿 인형 같은 장식이 아니다.

특히 오늘날 헤드라인은 포스트, 기사 등의 콘텐츠에서 가장 중요한 요소다. 헤드라인은 본문에서 무엇을 어떻게 전달할 것인지 알리고 왜 그 글을 계속 읽어야 하는지 알려 준다. 그러니 그 귀중한 텍스트를 어떻게 써야 할지 충분한 시간을 들여 곰곰이 생각해야 한다.

헤드라인을 쓸 때는 다음 규칙을 명심하자.

1. 적당한 호기심 간격을 만든다. 업워시와 버즈피드는 독자에게 나머지 스토리에 대한 궁금증을 유발해 클릭을 하게끔 유혹하는 헤드라인으로 회사의 인지도를 높였다. 업워시는 이것을 '호기심 간격'이라 부른다. (업워시의 블로그에는 이렇게 적혀 있다. "훌륭한 소셜미디어 헤드라인은 사람들의 호기심을 자극하되 충족시키지는 못할 정도만 이야기를 꺼내 클릭을 유도한다.")

문제는 이 테크닉이 점점 식상해지고 있어 갈수록 과장이 필요하다는 것이다. 당신도 그런 식으로 헤드라인을 쓰는 것이 다소 우습게 느껴질 것이다.

그러나 호기심을 유발하는 방법을 적절히만 활용하면 독자들이 기사의 내용이 무엇일지 쉽게 예측하도록 도움을 줄 수 있다.

결국 '호박을 재배하는 14가지 놀라운 방법' 같은 헤드라인은 그 14가지 방법이 독자에게 정말로 놀라움을 줄 때만 사용해야 한다. 같은 맥락에서 '터무니없이 작은 화분에서 호박을 키우는 14가지 방법' 역시 화분이 실제로 터무니없이 작을 때만 효과가 있다는 사실을 잊지 말자.

2. 무엇을 전달할지 약속한다. 헤드라인은 독자에게 무엇을 전달할지 최대한 구체적으로 약속해야 한다. 독자는 이 글을 읽고 무엇을 얻게 될까? 이 글은 독자에게 어떤 정보를 주고, 어떻게 그들의 삶을 윤택하게 할까?

3. 독자를 헤드라인에 직접 포함시킨다. '14가지 호박'은 따분한 제목이다. 독자에게 아무것도 구체적으로 알려 주지 않기 때문이다. 그러나 '도시 발코니에서 기를 수 있는 호박 7가지'는 독자가 얻을 수 있는 혜택을 명확하게 제시한다. '도시 발코니에서 거대 호박 기르는 방법 10분 안에 마스터하기'처럼 혜택이 두 가지라면 더 좋다.

4. 간결하게 쓰고, 테스트한다. 헤드라인은 20자 이하여야 한다. 너무 길면 검색 결과나 소셜미디어 공유에 표시될 때 잘릴 가능성이 크다. 그러나 나처럼 긴 헤드라인을 선호하는 사람이라면 어느 정도 조정해도 무방하다. 워드프레스 같은 콘텐츠 관리 시스템에서는 구글을 위한 축약된 헤드라인과 원래 길이의 헤드라인을 따로 정할 수 있다. 소셜미디어 채널에서 어떤 헤드라인이 가장 많은 공유와 클릭

을 유도하는지 테스트해 보는 것도 좋다.

5. 숫자를 사용한다. 숫자는 독자의 기대를 유도한다.

6. 생생한 단어를 사용한다. 생생한 단어는 독자의 머릿속에 그림을 그려 준다. 궁극의, 찬란한, 굉장한, 강렬한, 웃긴, 산뜻한, 결정적인, 놀라운 등의 형용사를 써 보자. 호기심 간격과 마찬가지로 정도를 지나치지 않는 것이 핵심이다. 진짜 놀랍고, 굉장하고, 대단한 것이 있으면 이 표현을 쓰고 그렇지 않으면 그냥 입을 다문다.

Rule 67

따뜻함과 소속감,
홈페이지 문구 쓰기

<u>웹 사이트의 초기화면을</u> '홈페이지'라고 부르는 데는 다 이유가 있다. 'home'이라는 단어가 우리에게 따뜻함과 소속감을 불러일으키기 때문이다.

비즈니스 홈페이지의 콘텐츠를 만들 때 담아야 할 마음가짐도 바로 그렇다. 홈페이지는 당신의 비즈니스로 들어서는 문턱에 비유할 수 있다. 따라서 방문자들이 홈페이지에 발을 들여놓는 순간부터 진짜 집에 초대받았을 때처럼 환영받는다는 느낌을 주어야 한다. 마음이 편해지고 이곳에 오길 잘했다고 느끼게 만들어야 한다. 또 기업 입장에서는 손님들에게 당신의 회사가 어떤 곳이며 어떤 일을 하는지, 그 일이 그들에게 어떤 의미가 있는지 즉시 이해시킬 수 있어야 한다.

다음에는 **홈페이지 콘텐츠를 작성하는 요령**을 몇 가지 소개한다.

하지만 비즈니스의 성질과 목적에 따라 성공적인 홈페이지의 요건은 크게 달라진다는 점을 미리 일러두어야겠다. 결국 아래 내용은 참고 사항일 뿐 반드시 따라야 할 필요는 없다.

1. 관객에게 말을 건다. 당신의 관객은 누구인가? 어떤 관객을 비즈니스에 끌어들이고 싶은가? 또 끌어들이고 싶지 않은 관객층은 누구인가?(이 역시 중요하게 다루어야 할 문제다.) 무엇보다 관객을 잘 이해해야만 좋은 콘텐츠를 만들어낼 수 있다.

어쩌면 너무 당연한 소리 같다. 하지만 관객은 전혀 안중에 두지 않은 채 홈페이지에 자기 얘기만 늘어놓는 회사가 얼마나 많은지 모른다.

아마 당신도 홈페이지에 당신의 회사가 '세계 최고의 기업 간 영업교육 및 연구조사 기업'이라고 자랑하고 싶어서 몸이 근질거릴 것이다. 그 표현이 사실이라 해도 그 안에 과연 관객의 자리가 있을까? 그들이 왜 굳이 당신 일에 관심을 가져야 하나?

"우리의 교육 및 연구조사 서비스는 귀하의 영업 전략 마련과 사업 성장에 큰 힘이 될 것입니다." 차라리 이런 식으로 표현해야 당신의 회사가 관객에게 무슨 이득을 줄 수 있는지 납득시킬 수 있다.

그나저나 내가 고객 대신 관객이라는 단어를 쓰고 있다는 사실을 눈치 챘는지 모르겠다. 이 단어를 선택한 이유는 홈페이지가 이미 거래를 튼 상대방은 물론 당신의 사업에 대해 잘 모르는 사람의 관심도 끌어야 한다는 점을 강조하기 위해서다.

결국 홈페이지는 어쩌다 문턱을 밟은 사람들이 당신의 사업에 충분히 흥미를 느끼게끔 내용을 구성하고 설계해야 한다. 그래야만 그들은 집 안으로 선뜻 들어서겠다고 마음을 먹는다.

2. 고객에게 진심으로 관심을 보인다. 고객을 이해하려면 그들이 어떤 동기에 따라 움직이는지 알아야 한다. 그래야만 어떤 도움을 줄 수 있는지 고객에게 알려 줄 수 있다.

홈페이지는 다음과 같은 메시지를 전달해야 한다. '우리는 당신을 이해합니다. 또 언제나 환영합니다. 우리는 당신에게 어떤 어려움이 있는지, 무슨 걱정이 있는지, 당신이 무엇을 원하고 필요로 하는지 잘 압니다. 당신의 짐을 덜어드리고 싶습니다. 당신의 버팀목과 디딤돌이 되고 싶습니다.'

선호하는 표현은 각자 다르겠지만 홈페이지의 핵심 문구에는 반드시 고객 중심적인 가치가 드러나야 한다. 당신의 존재 의의는 서비스나 판매 상품 자체에 있는 것이 아니라 고객을 위해 무엇을 할 수 있느냐에 있음을 기억하자. 사소해 보일지라도 이런 관점의 전환은 큰 차이를 가져온다.

그저 '환영합니다'라는 말로만 끝낸다면 중요한 기회를 아깝게 날려 버리는 것이다.

반면 캐나다 온타리오에 소재한 동영상 마케팅 회사 비드야드는 고객에게 어떤 도움을 줄 수 있는지 효과적으로 전달하고 있다. 동영상은 분명 인기 있는 마케팅 수단이지만 마케터 입장에서는 투자한 만큼의 효과를 보장할 수 있을지가 관건이다. 그래서 비드야드는

▲ 별다른 개성 없이 "환영합니다"라고만 표현해 아쉬운 뉴욕주립대 올버니캠퍼스의 홈페이지.
(뉴욕주립대 올버니캠퍼스에 양해를 구한다─저자주.)

홈페이지에 '관객을 고객으로'라는 고객 중심의 표제를 내걸며 회사
가 추구하는 가치를 명확히 밝혔다. 이렇게 비드야드라는 회사가 어
떤 일을 하는지와 더불어 고객의 비즈니스에 어떤 도움이 되는지도
알려 준다.

3. 단순명료하게 표현한다. 남는 공간을 문구나 그래픽으로 꽉꽉
채우려 들지 말자. 특히 웹브라우저를 열었을 때 첫눈에 나타나는
웹페이지 상단에는 공백을 충분히 남겨 두어야 한다. 드롭박스 홈페
이지를 열었을 때 보이는 것은 다음 페이지의 그래픽이 전부다.

페이지를 아래로 내리면 '누구와든 파일을 공유하세요'에 대한 간
단한 설명이 나타나지만 역시나 무척 단순하고 깔끔하며 여백의 미
가 넘치는 구성이다. 보기만 해도 어수선하던 마음이 침착하게 가라

▲ 깔끔한 여백의 미가 돋보이는 드롭박스 홈페이지.

앉는 것 같다. 그것이 바로 드롭박스가 내세우는 가치이기도 하다.

당신의 제품이나 서비스는 이 정도로 간결하게 설명하기 어려울 지도 모른다. 그래도 역시 핵심만 남을 때까지 최대한 압축해 보자. 회사의 자랑거리, 현재와 미래를 구구절절 밝히고픈 욕망은 접어 두자. 그래 봤자 방문자의 머릿속만 복잡하게 만들 뿐이다.

4. 관객의 언어를 사용한다. 비즈니스의 내용을 꼭 번지르르한 말로 포장할 필요는 없다. 그보다는 잠재 고객에게 친숙한 언어를 사용해야 한다.

드롭박스가 콘텐츠, 데이터, 사진 같은 단어 대신 '파일'이라는 말을 쓴다는 사실을 알아챘는가? 좀 더 우아해 보이는 단어(재산, 자원, 콘텐츠)를 쓸 줄 몰라서는 아닐 것이다. '파일'이야말로 우리가 컴퓨터, 스마트폰, 태블릿에 저장하는 모든 것을 포괄하는 단어라 할 수 있다. 실제로도 이 단어는 콘텐츠, 데이터, 사진 등을 모두 아우르는 말로 쓰이고 있다.

5. '당신'이라는 말을 아낌없이 쓴다. 홈페이지에는 '우리'라는 말보다 '당신'을 뜻하는 말을 더 많이 사용해야 한다. 홈페이지에 '당신'을 뜻하는 말과 '우리'를 뜻하는 말이 각각 몇 번이나 등장하는지 세어 보면 그것이 상대방과 공감하려는 고객 중심의 홈페이지인지 아닌지 간단히 판단할 수 있다.

6. 그럼 이제 어떻게 해야 하나? 헤드라인에서는 당신의 가치를 명확하게 전달했다. 이제 당신은 방문자들이 무엇을 하기를 원하는가?

방문자들에게 명확한 선택지 서너 가지 또는 당신이 바라는 행동을 제시한다. 고객을 돕겠다는 마음가짐으로 그들의 문제를 부각하고, 그들이 어떤 조치를 취해야 하는지 명확하게 제시해야 한다. 이때 당신의 콘텐츠(당신이 사용하는 언어)와 배치 형식(사용 편의성 포함)을 모두 고려해야 한다.

비즈니스 컨설팅 회사 시데라웍스(Sideraworks)는 방문자를 사이트에 끌어들이기 위해 사람들이 관심을 가질 만한 몇 가지 친숙한 문제를 명확히 제시하고 있다. 예를 들어 협업 소프트웨어가 제대로 작동하지 않는 문제를 해결하기 위해, 또는 무엇 때문에 실행이 안되는지 알고 싶어서 시데라웍스를 방문한 사람들은 다음 그래픽을 만나게 된다. 그래픽에 표시된 버튼을 클릭하면 고객의 고통을 해결해 주는 시데라웍스 블로그의 포스트로 이동한다.

또 홈페이지 방문자에게 작은 선물을 주는 방법도 있다. 다만 고

▲ 시데라웍스 홈페이지에서 볼 수 있는
문제해결 버튼의 친근한 그래픽.

객에게 유익한 선물이어야 한다. 무료 다운로드, 무료 샘플, 무료 체험, 무료 워크북, 무료 도구 등을 생각해 볼 수 있다. 콘텐츠 마케팅 소프트웨어 개발과 교육 회사인 카피블로거의 홈페이지에는 이렇게 쓰여 있다. '16가지 놀라운 e북과 20회 분량의 인터넷 마케팅 강좌 수강 기회를 잡으세요.'(여기서 행동 단어 '잡으세요'가 마음에 든다.)

e메일 등록을 유도하는 문구조차 회사의 가치를 방문자에게 명확하게 전하는 도구로 이용하고 있다. '우리의 e메일 발신리스트에 등록하세요'처럼 흔히 볼 수 있는 회사 중심 접근법과는 정반대의 방법이다. (돌발 퀴즈: 세상에 e메일을 받지 못해 안달하는 사람이 있을까? 정답: 없다.) 테이크아웃 배달 서비스 잇24는 e메일 등록을 권하는 문구에서 회사의 가치와 성격을 드러낸다. "쿠폰, 연애편지, 그리고 베이컨에 대한 깊은 사유를 원하십니까? 우리의 주간 e메일을 구독하세요."

7. 신뢰를 전달한다. 홈페이지에는 당신이 사람들의 신뢰를 받고 있음을 암시하는 요소가 들어가야 한다. 그 방법은 다양하다. 이를테면 믿을 만한 공동체의 일원임을 강조하는 방법이 있다. 이때 소셜네트워크를 활용해 신뢰를 더욱 높일 수 있다(페이스북, 인스타그램, 유튜브, 트위터 등에 연결하고 팔로워나 팬 수를 밝히는 등). 간단히 요약(동료 634,249명이 가입)해도 좋지만 상세하게 언급할 수도 있다. 숙박 공유 사이트 에어비앤비는 홈페이지에 바로 '신뢰와 안전'을 언급하고, 그것을 어떻게 보장하는지 자세히 설명하는 페이지의 링크를 표시해 두었다.

Rule 68

회사보다 사람을 보여 주는 회사 소개 페이지 쓰기

훌륭한 콘텐츠는 모두 독자를 우선시한다. 회사 소개 페이지도 다르지 않다. 결국 회사 소개는 분명 당신 자신에 대해 소개할 기회지만, 고객을 위해 무엇을 할 수 있는가의 관점에서만 자신을 소개해야 한다.

그들의 짐을 어떻게 덜어 줄 수 있는지, 어떤 문제를 해결할 수 있는지 등을 담아야 한다. 즉, 회사에 대한 내용이 아니라 회사가 방문자와 어떤 관계가 있는지를 강조하는 내용이다.

회사 소개 페이지는 당신의 개성을 드러내고, 차별화하고, 당신의 이야기를 들려 줄 수 있는 공간이다. 그러나 이 공간을 대수롭지 않게 여기는 회사가 많다. 토이저러스의 지루하고 특색 없는 회사 소개 페이지를 살펴보자. 좋은 기회를 날려 버린 이 페이지에 후한 점수를 주기는 어렵다.

▲ 지루한 회사 소개를 올려 놓은 토이저러스 홈페이지.

다음은 완전히 대조적인 코카콜라의 페이지다.

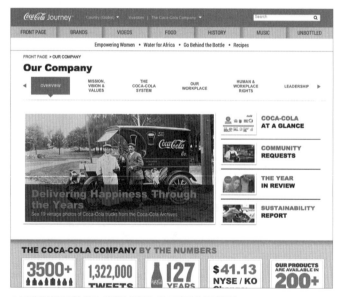

▲ 그래픽이 풍부한 회사 소개를 올려 놓은 코카콜라 홈페이지.

코카콜라의 페이지는 눈에 잘 들어오고 그래픽이 풍부하며 디자인도 멋지다. 그러면서도 회사의 풍부한 역사를 흥미로운 방식으로 제시하고 있다. 또 이 페이지는 매우 유용하다. 이 책 프롤로그에서 소개한 나의 콘텐츠 공식(유용성×영감×공감)에 들어맞는 모범적인 회사 소개 페이지다.

개인적으로는 시카고 소재의 법률 회사 레벤펠드 펄스테인의 동영상 형식의 회사 소개가 가장 마음에 든다. 차별화 기회를 잘 활용하여 매우 인간적이고 소탈한 법률회사라는 인상을 전한다.

회사 소개 페이지를 만들 때 따라야 할 몇 가지 규칙을 소개한다.

1. 인간적이고 친근한 모습을 드러낸다. 사이트의 전체적인 분위기나 회사의 특성에 어울리는 목소리와 어조를 사용한다. 이때 '최고 수준', '세계적으로 유명한', '최첨단' 같은 최상급 단어를 쓰고 싶은 충동이 생길지도 모른다.

여기에 대해서는 콘텐츠와 글쓰기 관련 부분에서 이미 개괄적으로 설명했다. 하지만 다시 한 번 언급하는 이유는 알코올 중독을 극복하고 있는 친구에게는 이따금씩 단골 술집을 그냥 지나가야 한다고 상기시킬 필요가 있기 때문이다. 유혹이 아무리 강하더라도 당신에게는 그것을 이겨낼 힘이 있다.

2. 회사가 아니라 사람을 보여 준다. 법률 자문회사 레벤펠드 펄스테인은 동영상에서 소속 변호사들의 인간적인 면모를 잘 보여 주었다. 사진, 소셜 프로필 링크, 좋아하는 명언, 여가시간을 보내는 방

법, 아침식사 메뉴, 즐겨듣는 음악, 선호하는 여행지 등 소개할 수 있는 내용은 다양하다.

3. 깜짝 선물을 던진다. 회사 소개 페이지에 예상 밖의 내용을 실어 방문자들을 놀라게 한다. 비디오 호스팅 회사 위스티어(Wistia)는 회사 소개 페이지에서 창의력을 한껏 발휘했다.

위스티어의 회사 직원을 소개하는 페이지는 언뜻 보기에 매우 단순해 보인다.

▲ 위스티어의 회사 직원 소개 페이지.

그러나 각 사진에 마우스를 갖다 대면 몇 장의 사진이 연속으로 바뀌면서 사진 속 직원이 춤을 추는 것처럼 보인다. 마케팅 담당 에

즈라 피시먼은 완벽한 닭춤을 선보인다. 정지 사진을 나열해 그것을 재현하기는 어렵지만 내 말이 무슨 뜻인지 이해했을 것이다.

▲ 마우스를 갖다 대면 사진이 연속으로 바뀌면서 춤추는 것처럼 보이게 만든 위스티어의 위트 있는 직원 소개 페이지. ※ 출처: 위스티어의 허락을 받고 게재.

4. 고객을 스토리에 끌어들인다. 고객은 왜 당신이 하는 일에 관심을 갖는가? 당신은 그들을 어떻게 도왔는가? 이를 설명하려면 고객의 증언이 필요하다. 그들의 모습을 생생하게 부각하면 더 좋다. 그들을 동영상에 담거나, 회사에 대한 사람들의 평가를 보여 주는 비디오를 만들어 보는 건 어떨까?

Rule 69

조롱거리가 되지 않을
인포그래픽 만들기

허접하게 만든 인포그래픽은 처량한 신세가 되고 만다. 왜냐고? 많은 사람에게 강한 거부감을 주기 때문이다. 첨단기술, 컴퓨터 마케팅 분야의 정보와 뉴스를 다루는 블로그 세이브딜리트는 언젠가 "인포그래픽을 조롱하는 인포그래픽 13가지"라는 기사를 낸 적이 있다. (그 중에서 "내가 이번 주에 본 인포그래픽의 수"와 "인포그래픽이 인터넷을 망치고 있다"가 특히 인상적이다.)

그러나 잘 만든 인포그래픽은 강력한 마케팅 도구가 된다. 누구나 손쉽게 공유하고 옮길 수 있어, 네티즌의 손을 빌어 당신의 메시지를 다른 블로그나 사이트로 널리 전파할 수 있다.

인포그래픽은 이름 그대로 그림, 사진, 지도, 도표, 그래프 등의 그래픽으로 표현된 정보를 일관성 있는 디자인으로 묶은 자료를 말한다. 보통 이미지 파일로 발행되지만 동영상의 형태를 취하기도 한다.

인포그래픽의 목적은 자기홍보가 아니다. 훌륭한 인포그래픽은 빽빽한 표나 따분한 그래프보다 단순하고 매력적인 방법으로 풍부하고 객관적인 정보를 전달한다. 허브스폿의 조 체르노프에 따르면 인포그래픽의 형태에는 크게 네 가지가 있다고 한다. 1) 특정 비즈니스 영역이나 기능의 '상태'를 설명, 2) 체크리스트나 과정, 3) 비교·대조 연구, 4)움직임, 인구통계, 산업 발전 등의 경향.

잘 만든 인포그래픽은 정보를 절묘하게 전달한다. 샌프란시스코에 소재한 인포그래픽 및 데이터 디자인 회사 컬럼파이브의 공동설립자이며 크리에이티브 디렉터인 조시 리치는 자신이 가장 좋아하는 인포그래픽은 샤를 조셉 미나르가 1869년에 만든 작품이라고 했다. 미나르는 공학과 통계에 그래픽을 도입한 선구자로서, 나폴레옹이 1812년에 러시아를 침략했다가 참패한 과정을 분석한 "프랑스군이 러시아 원정에서 패배한 과정을 담은 지도 1812~1813"라는 흐름도를 만들었다. 과학자, 발명가인 에티엔느-쥘르 마리는 미나르의 인포그래픽이 '빼어난 달변으로 역사학자의 펜에 도전한다'고 평했다.

조 체르노프는 이렇게 정리한다. "우수한 인포그래픽은 매우 유익하며 시각적으로도 아름답다. 눈 깜박할 사이에 전문 지식을 전달한다."

인포그래픽을 구성 요소별로 쪼개 보자.

◆ **유용성.** 최고의 인포그래픽은 흥미롭고 교육적이며 유용하다. 인포그래픽을 만들 때는 다음 문제들을 생각해 보자. 사람들에게 어

떤 도움이 될 것인가? 사람들은 이것을 그들의 비즈니스에 적용할 수 있다고 느낄까? 진지하게 살펴보고 주위 사람들에게 전파할 만큼 매력적인가?

◆ **데이터.** 인포그래픽은 단순한 의견이 아닌 사실에 근거를 두어야 하므로 믿을 만한 데이터를 사용해야 한다(모든 콘텐츠에 해당하는 말이지만 인포그래픽의 경우 특히 그러하다). 물론 당신의 생각도 그 안에 반영되겠지만 믿을 만한 인포그래픽은 우선 현실에 뿌리를 두어야 한다. "당신의 생각을 내게 말하려면 확실한 이유와 근거도 함께 대야 한다." 이 말을 잊지 말자. 당신의 인포그래픽은 감정이 아닌 사실을 바탕으로 이야기를 만들어 내야 한다.

믿을 만한 출처란 무엇일까? 저명한 학자나 기업 협회는 훌륭한 출처다. 블로그 포스트의 신뢰도는 다소 떨어진다.

◆ **스토리.** 훌륭한 인포그래픽에는 가설과 이야기가 담겨 있다. 이렇게 말하고 보니 너무 거창하게 들리지만, 그저 데이터를 통해 전달하고 싶은 핵심 아이디어를 직접적으로 표현해야 한다는 의미일 뿐이다. 먼저 주제문을 쓴 다음 주제를 뒷받침하기 위해 어떤 데이터를 사용할지 윤곽을 잡는다.

마케팅프로프스의 비주얼 아티스트 겸 콘텐츠 제작자인 베로니카 자스키는 이렇게 말한다. "인포그래픽에는 인포(정보)를 담아야 해요. 그래픽이 아무리 아름다워도 인포가 부실하다면, 그건 예쁜 그래픽일 뿐이에요."

데이터를 담을 때도 역시 적은 것이 아름답다. 하나의 인포그래픽에 너무 많은 데이터를 집어넣으려 하지 말고 핵심 메시지만을 담자. 주제에 대해 할 말이 많다면 상세한 보고서를 따로 작성해 링크를 걸면 된다.

시스코는 클라우드 컴퓨팅에 대한 동영상 "컵케이크를 생각해 보세요 *Consider the Cupcake*"에서 그런 방법을 썼다. 클라우드 컴퓨팅의 2015년 성장 전망을 빵 굽기에 비유한 동영상이었다. 시스코는 이 주제에 대해 할 말이 많았는지 방문자들이 조사 보고서 전문을 다운로드할 수 있도록 랜딩페이지에 링크를 걸어 두었다.

◆ **논리적 순서.** 정보의 구조를 감안하여 이야기를 구성한다. 논리적 흐름에 따라 너무 복잡하지 않게 정보를 배치해야 한다는 뜻이다. 핵심 아이디어를 드러낼 틀을 이야기 형식으로 만들어 본다. 이 과정을 건너뛰고 바로 디자인 단계로 넘어가고 싶겠지만, 개요 작성은 숫자와 그림이 마구잡이로 섞인 난장판이 아니라, 의미 있는 스토리를 전달하는 인포그래픽을 창작하기 위해 반드시 거쳐야 할 단계다.

자스키의 말이다. "미술관에 가면 작품 옆에 작품에 대한 중요한 정보를 담은 작은 명판이 붙어 있죠. 반 고흐의 '별이 빛나는 밤' 옆에 '모나리자'의 설명이 붙어 있다고 생각해 보세요. 어울리지 않겠죠? 이미지와 텍스트는 서로 앞뒤가 맞아야 해요."

◆ **멋진 디자인.** 훌륭한 인포그래픽은 데이터 스토리를 전달하기 위해 색상, 글자체, 삽화, 애니메이션, 동영상, 도표, 문자 등을 적절히 활용한다. 대행업체를 통해 작업할 수도 있지만, 직접 만드는 사람들을 위한 도구도 있다(이 챕터 마지막에 실린 'DIY 인포그래픽 공구벨트' 참조).

아이디어가 필요하다면? 핀터레스트에서 인포그래픽스를 검색한다. 미리 경고하는데 한두 시간은 버릴 각오를 해야 한다. 추수감사절 만찬마저 시시해 보이게 할 진수성찬이 펼쳐진다.

◆ **품질관리.** 인포그래픽에는 오류가 없어야 한다. 수치, 출처 표시, 문구는 여러 번 확인해야 한다. 다른 유형의 콘텐츠와 달리 일단 세상에 나간 인포그래픽은 회수하기 어렵다. 마케팅프로프스의 보관함에도 오탈자와 수치 오류가 포함된 수많은 인포그래픽이 들어 있다. '두 번 확인하고 한 번 출판하기' 원칙을 지켜야 한다. 누구나 블로그에 실린 자신의 인포그래픽이 번듯해 보이기를 원할 것이다.

◆ **홍보.** 이번에도 목표는 브랜드에 대한 관심과 흥미를 유발하는 것이다. 그러니 기본에 충실하자. 훌륭한 인포그래픽은 방문자들로 하여금 링크드인, 핀터레스트, 트위터, 페이스북 등에서 손쉽게 공유하도록 유도하는 사회적 가치를 지닌다. 또한 당신의 사이트로 돌아오는 링크와 함께 다른 사이트에도 파고들 수 있는 가능성을 품고 있다.

허브스폿의 조 체르노프는 인포그래픽에도 행동을 유도하는 요소가 필요하지만 복잡하지 않아야 한다고 본다. "무료 체험처럼 일시적이거나 판매를 목적으로 하는 조치보다는 관계를 계속 유지할 수 있는 방법을 찾아보세요. '업데이트를 원하시면 지금 등록하세요'나 '전체 보고서 확인하기' 같은 식으로요." 인포그래픽은 유통기한이 길며, 누구나 자신의 인포그래픽을 최대한 활용하기를 바랄 것이다.

DIY 인포그래픽 공구벨트

인포그래픽스.kr

제작툴에 대한 설명이 한글로 되어 있어 사용자들이 쉽게 인포그래 픽을 제작할 수 있게 도와준다(http://info-graphics.kr).

구글 퍼블릭 데이터 익스플로러 Google Public Data Explorer

구글 퍼블릭 데이터 익스플로러에서는 정부 또는 국제기구에서 제 공하는 수많은 공공 데이터 세트를 선택할 수 있다. 데이터를 업로드하 여 자기 인포그래픽을 등록할 수도 있다(www.google.com/publicdata/directory).

워들 Wordle

워들은 어떤 텍스트로도 워드크라우드(문자 콘텐츠나 다양한 키워드를 사용 빈도, 중요도에 따라 흥미롭게 배치한 그래픽—옮긴이)를 생성할 수 있게 도와준다. 브랜드가 사용하는 언어를 바탕으로 재미있고 화려한 그래 픽을 만들어 주는 도구 겸 장난감이다(http://wordle.net).

픽토차트 Piktochart

재미있고 쉽게 변형할 수 있는 샘플을 제공하는 무료 DIY 인포그래 픽 도구다. 합리적인 가격의 유료 버전에는 다양한 샘플이 훨씬 많다 (http://app.piktochart.com).

Rule 70

블로그 포스트
더 잘 쓰는 법

<u>몇 주 전에 작가이자</u> 기업가인 가이 가와사키에게 블로그 포스트에서 글쓰기가 과연 중요한지 물어보았다. 책을 여기까지 읽었으니 내 입장이 어떤지는 알 것이다.

솔직히 나는 가이를 조금 도발하고 싶었다. 하지만 가이의 대답을 듣고 내 가슴은 벅차올랐다. "이런 질문은 레스토랑에서 음식의 품질이 중요하냐고 묻는 것이나 다름없잖아요. 글쓰기야말로 포스트의 수준을 판가름하는 요인 아니겠어요? 타이밍, 그래픽, 빈도 등의 요소는 모두 부차적이죠."

그렇다면 블로그 포스트 쓰기에 대해 내가 해 줄 수 있는 최고의 조언은 이 책 앞부분에 소개된 대로 글쓰기 실력을 키우라는 것뿐이다. (독자가 가장 원하는 것도 그것 아닐까?)

그래서 이번 챕터에서는 글쓰기 자체보다 **포스트 구성과 관련된 전략**을 몇 가지 소개한다.

1. 헤드라인은 간결하게. 가이 가와사키는 헤드라인에 단어를 네다섯 개만 담으라고 제안한다. 하지만 때에 따라 늘리거나 줄일 수 있다. 길이보다는 명확한 의미 전달과 독자의 취향이 중요하다.

대부분의 블로그 포스트 제목은 길이가 20자 내외다. 그러나 마케팅에 대한 정보를 제공하는 트랙메이븐디지털의 최근 연구에 따르면 제목이 평균보다 다소 긴 경우 소셜미디어에 공유될 가능성이 더 높다고 한다(다만 40자 이상의 제목을 지닌 블로그 포스트는 공유될 가능성이 급격히 떨어졌다).

2. 다른 볼거리를 추가한다. 모든 포스트에는 커다란 그래픽이나 동영상을 삽입한다. 단, 대여한 사진은 올리지 말아야 한다.

3. 포스팅의 타이밍을 잘 조절한다. 포스트를 올리기에 가장 좋은 시간은 평일 오전 8~10시다.

트랙메이븐의 연구에 따르면 포스팅하기에 가장 좋은 날은 화요일과 수요일이라고 한다. 그러나 주말에 올린 13퍼센트의 포스트가 소셜미디어에 공유될 가능성이 컸다. 특히 토요일은 공유가 가장 활발한 날로, 이날 발행된 포스트의 수는 전체의 6.3퍼센트에 불과했지만 공유 횟수는 18퍼센트에 이르렀다.

4. 항목 표시를 하거나 숫자를 매긴다. "항목 표시나 숫자는 바쁜 독자를 배려해 내용을 체계적으로 정리했다는 인상을 줍니다." 가이의 말이다. 완전 동감한다. 그리하면 화면에 여백도 생긴다.

5. 공유와 구독 옵션을 제공한다. 방문자에게 '그래서 어쩌란 말이지?'라는 생각이 들게 해서는 안 된다! 행동으로 옮길 기회를 열어 두

어야 한다. 어떤 행동이 될지는 당신에게 달렸다(다운로드, 판매, 가입 등).

6. 짧은 길이를 유지한다. 한 포스트는 500~700자 정도여야 하며, 부제와 강조체를 포함하는 것이 좋다.

가이는 다음과 같이 말한다. "짧아서 아쉽다는 느낌을 주는 블로그 포스트는 본 적이 없습니다. 너무 길다 싶었던 것들만 떠오르네요. 솔직히 그 내용은 기억나지 않지만요!"

7. 흥미롭게 구성한다. 훌륭한 글은 논리와 체계적인 구조를 지닌다. 하지만 구조 자체가 독자를 유인할 수도 있다.

8. 꾸준히 올린다. 규칙적으로 게시하는 것만으로도 절반은 성공한 것이다. 작가이자 콘텐츠 마케터인 배리 펠드먼은 이렇게 말했다. "글을 쓰세요. 지금 당장. 많이. 자유롭게. 마음껏. 일단 쓰고 난 다음에 편집하세요."

9. 규모를 키운다. 블로그의 입지를 다지려면 독자의 독자까지 염두에 두고 글을 써야 한다. 소셜미디어 도구인 버퍼의 CEO 레오 비드리히는 블로그의 영향력을 키우기 위해서는 업계의 여론 주도층에 호소하는 글을 써야 한다고 말한다.

버퍼는 한때 트위터를 비롯한 소셜 플랫폼을 효과적으로 활용하는 방법에 대한 콘텐츠에 주력했다. 하지만 버퍼는 2012년 하반기부터 2013년에 걸쳐 생활 편의, 비즈니스, 고객 서비스 등 다른 분야로 주제의 영역을 확대했다. 더욱 폭넓은 독자를 포섭하기 위해서였다.

레오는 e메일 인터뷰에서 이렇게 말했다. "이 전략은 우리의 브랜드를 널리 알리고 다양한 독자에게 다가가는 데 큰 도움이 되었습니다. 한 달 만에 100만 뷰를 달성했고 타임, 패스트컴퍼니, 넥스트 웹 등에서도 우리의 콘텐츠를 재발행하게 되었죠."

2014년에 버퍼는 블로그를 두 개로 나누어, 메인 블로그에서는 소셜미디어 관리 요령을 중심으로 다루고, 오픈이라는 두 번째 블로그에서는 회사의 문화와 생활 정보를 포괄적으로 다루고 있다.

"독자의 독자에게 다가가는 것이 우리의 중요한 목표입니다. 이렇게 하는 이유는 그것이 궁극적으로 브랜드와 독자가 함께 성장할 수 있는 최선의 방법이기 때문입니다. 지금의 독자에게 한정하지 말고 독자의 독자와도 관계가 깊은 콘텐츠를 만들어야 합니다." 레오는 말했다.

10. 실험한다. 늘 혁신하고 예상 밖의 것을 시도한다. 벤치마킹할 수 있는 우수 사례는 얼마든지 있지만, 진짜 효과가 있는 것은 따로 있을지도 모른다. 이것저것 꾸준히 실험해 보고 당신의 독자에게 무엇이 가장 잘 통하는지 밝혀내야 한다.

당신 앞에는 이렇게 엄청난 기회가 놓여 있다. 실험하고 최적화하면 좋은 결과를 얻을 수 있다.

Rule 71

연례보고서는
말하기보다 보여 주기로

투자자나 기부자를 위해 의무적으로 연례보고서를 준비할 필요가 없는 경우라도 한 해의 실적을 요약하는 자료의 작성은 검토해 본 적이 있을 것이다.

연례보고서는 브랜드의 스토리를 전달하고 고객에게 다가가 브랜드의 역사에 동참할 것을 제안하는 훌륭한 기회가 될 수 있다. 식상한 문구와 회계 자료만 가득한 무미건조한 서류를 만들어 낸다면 회사를 세상에 드러낼 특별한 기회는 날려 버리는 것이다. 그런 연례보고서는 아무도 읽고 싶어 하지 않는다.

보고서에는 사람과 상황, 감정, 사실이 생생하게 드러나야 한다. 또 가능하면 말하기보다 보여 주기를 해야 한다. 당신의 회사가 고객의 삶에 어떻게 가치를 더하는지 누구나 공감할 수 있는 언어로 설명해야 한다. 글쓰기 강사 도널드 머레이의 말을 다시 떠올려 보자. "칭찬할 거리를 찾으려고 페이지를 넘기는 독자는 없습니다." 독자가 끝까지 읽고 싶어 하고 몰입할 수 있는 글을 써야 한다.

우선 기본적인 내용부터 생각해 본다.

◆ 작년에 우리는 어떻게 성장했나? 어떤 변화가 있었나? 변하지 않은 것은 무엇인가?

◆ 창립 이후로 우리는 어떻게 발전해 왔나?

◆ 우리가 가장 잘한 일은 무엇이며 처절한 실패 사례는 무엇인가?

◆ 우리에게는 흔히 있는 일이지만 다른 사람들에게는 흥미로울 만한 일은 무엇일까?

그러면 **연례보고서를 잘 쓰는 회사**는 어디일까? 최근에 진실하고 인간적이며 고객 중심적인 스토리를 독창적인 방식으로 들려준 회사 두 곳(각각 B2B와 B2C)을 소개한다.

1. 허브스폿의 〈2013년 총결산〉. 보스턴에 소재한 기술회사 허브스폿은 지난해의 주요 성과를 담은 잡지 형태의 책을 출간했다.

● 어떤 내용인가. 우버플립이라는 도구를 사용하여 제작한 2013년 총결산은 B2B 회사의 보고서라기보다 〈피플〉지의 형식에 가깝다. 그 내용은 재무 정보, 자선 활동, 행사 등으로 구분되어 있다.

데이터는 스프레드시트보다 인포그래픽을 활용해 이해하기 쉽고 한눈에 잘 들어오도록 구성했다. 신규 직원의 스냅사진을 실었고, 스타 직원들을 〈피플〉에 소개된 유명 인사처럼 다룬 '그들도 우리와 다를 게 없다!'라는 흥미로운 코너를 마련했다("그들도 애완견과 장난을 친다!" "그들도 셀카를 찍는다!").

● 무엇이 훌륭한가. 허브스폿은 같은 정보를 정적인 e북이나 PPT 형식으로 제작할 수도 있었다. 그러나 상업 잡지의 형식을 빌려 사례가 아닌 비유에 의지한 허브스폿의 신선한 접근법은 이 분야에서 매우 혁신적인 시도였다.

● 참고할 만한 아이디어. 특정 업계 내에서 전에 없던 것이라면 신선함을 줄 수 있다. 아주 독창적이지 않더라도 당신이 속한 업계에서는 신선하게 느껴질 만한 접근법을 찾아보자.

2. 와비파커의 연례보고서. 안경 소매업체 와비파커는 매년 따분한 연간보고서 대신 참신한 작품을 내놓는다. 그 안에는 와비의 조직문화에 대한 빅 스토리도 담겨 있다.

● 어떤 내용인가. 2014년 1월에 나온 2013년 보고서는 와비파커가 세 번째로 만든 연례보고서다. 그해의 하루하루를 돌아보며 그날 24시간 동안 있었던 중요한 사건을 소개하는 온라인 달력 형식을 취하고 있다.

비공개 회사인 와비는 성공 사례(첫 광고 데뷔)는 물론 실수(배송 오류)와 특이한 사실(직원 60명이 스피닝 수업에 참가하고 있음)도 풍부하게 수록했다. 이 모두가 와비의 조직 문화, 사람, 고객, 가치에 대한 빅 스토리를 전달한다. 더구나 와비의 콘텐츠디자인팀에서 자체 제작했다.

● 무엇이 훌륭한가. 연례보고서는 회사의 가장 번듯한 모습만을 강조하고 좋지 않은 모습은 숨기기 급급하다. 하지만 와비는 달랐다. 누구나 공감할 수 있는 인간적인 모습을 독특하고도 소박하게 보여주었다.

와비가 고작 연례보고서 따위에 지나치게 공을 들인다고 생각한다면, 그것이 매출 신장에도 크게 기여했다는 사실을 알지 못해서일 것이다. 〈애드 에이지〉에 실린 보고서에 따르면 2년 전 연례보고서를 발간하기 시작한 이후 와비는 기록적인 매출을 올리기도 했다.

와비를 제외하고 연례보고서가 매출을 실제로 촉진한 사례가 얼마나 될까? 거의 없다고 본다.

● 참고할 만한 아이디어. 이미 하고 있는 것 중에 독창적으로 재해석하여 당신만의 스토리에 반영할 수 있는 것은 무엇일까?

간단한 예 세 가지를 더 소개한다.

3. 메일침프의 연례보고서. e메일 마케팅 회사 메일침프는 마이크로사이트 '바이 더 넘버스'(By the Numbers)에 역동적인 연례보고서를 소개했다.

한 페이지로 구성된 사이트를 스크롤하면서 각종 통계 자료와 수치, 회사와 직원 개인이 2013년에 일군 성과 등 흥미로운 내용을 훑어볼 수 있다. 메일침프 소프트볼 팀의 승리, 8명의 아기 탄생, 22만 8,627번의 A/B 테스트, 700억 건의 e메일 발송 등이 그 예다.

보고서는 감사편지로 끝을 맺으면서 다음 연도를 기약한다. 메일 침프는 단순한 통계 자료를 제시하면서도 회사를 친근하게 드러낼 기회를 놓치지 않는다.

4. 캘거리 동물원의 연례보고서 형식은 무척 창의적이다. 캘거리 동물원은 2012년에 인스타그램 계정을 만들더니 한 주에 걸쳐 55장의 사진을 게시했다. 각 사진에 붙은 설명을 읽어 보면 동물원의 주요 활동과 관련 수치를 전체적으로 확인할 수 있다. 또한 모든 사진은 '동물원 함께 걷기'라는 큰 주제로 수렴된다. 마지막 게시물에는 원장의 메시지도 담았다.

▲ 동물원의 주요 활동을 인스타그램에 올린 캘거리 동물원의 연례보고서.
※ 출처: 캘거리 동물원의 허락을 받고 게재(http://instagram.com/calgaryzoo2012ar).

5. 마케팅프로프스는 연말에 회사의 현황을 그림으로 표현하는 자료를 만들었다. 그것이 우리의 다양한 전문 지식, 고객, 수익의 흐

름을 가장 직접적으로 드러낼 수 있는 방법이라 생각했기 때문이다.
이 인포그래픽은 우리 회사의 소개 페이지 역할도 겸하고 있다.

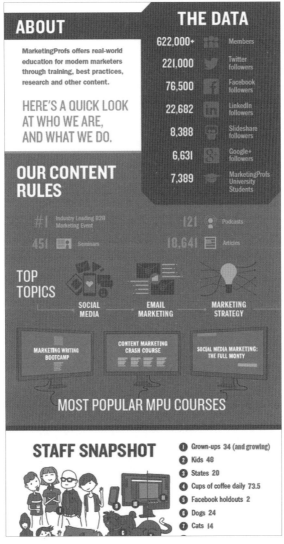

▲ 회사의 현황을 그림으로 표현한 마케팅프로프스의 인포그래픽.

콘텐츠 제작을 도와주는 유용한 도구들

최고의 콘텐츠를 만드는 데 필요한 도구는 무엇일까?

존 스타인벡은《에덴의 동쪽 *East of Eden*》을 완성하기까지 에버하르트 파버 블랙윙 602 연필 300자루를 소비했고,《분노의 포도 *The Grapes of Wrath*》를 집필할 때는 60자루를 썼다고 한다. (유명한 슬로건 '필압은 절반, 속도는 두 배'에도 나타난) 블랙윙의 품질 덕분에 이 연필은 1998년 생산이 중단된 이후에도 열성팬이 줄지 않고 있다. 스타인벡, 블라디미르 나보코프, 조지프 파인더, 스티븐 손드하임이 사용한 필기구라면 당연히 누구나 써 보고 싶어 하지 않을까?

그 밖에도 필기구를 까다롭게 선택한 작가는 많다. 회고록《파리는 날마다 축제 *A Moveable Feast*》에서 헤밍웨이는 글을 쓸 때 갖춰야 할 조건을 자세히 묘사했다. "파란 표지의 공책, 연필 두 자루와 연필 깎이(주머니칼을 쓰면 연필심을 낭비하게 된다), 대리석 상판 테이블, 크림 커피의 향기, 분주히 쓸고 닦은 이른 아침의 정취, 그리고 행운. 그것이 내게 필요한 전부였다."

닐 게이먼과 스티븐 킹은 만년필로 한 자 한 자 정성껏 글을 쓴다고 알려져 있다.

"컴퓨터에서 바로 정리하고 삭제할 때와 달리 손글씨를 쓰면 2차 원고를 써야 한다는 점이 좋아요." 닐은 BBC에서 이렇게 말했다. "매일 아침 펜에 잉크를 채우는 의식도 즐겁고요." (닐은 전날 몇 페이지나 썼는지 확인하기 위해 날마다 잉크 색을 바꾼다고 했다.)

제인 오스틴은 양피지에 깃펜으로 글을 썼고 김빠진 맥주로 만든 특수 잉크를 사용했다고 한다.

나는 블랙윙 연필이나 만년필, 맥주로 만든 잉크에 신비한 힘이 깃들어 있다고는 생각하지 않는다. 어쩌면 있을지도 모르지만.

여기에서는 실제로 글을 쓸 때 필요한 콘텐츠 창작 도구와, 글쓰기나 콘텐츠 프로젝트를 조직하고 계획하는 데 이용할 수 있는 도구들을 소개할 예정이다. 경우에 따라 필요한 설명을 덧붙이기도 했다.

여기에 소개할 도구들은 저명한 문학의 천재들이 사용하는 도구와 절차가 아니라 당신과 나처럼 평범한 사람을 위한 도구다. 많은 친구들과 마케터, 책 저자, 기업가에게 '당신에게 없어서는 안 될 콘텐츠 도구는 무엇입니까?'라고 질문하여 얻은 대답에 바탕을 두었다.

잘 알겠지만 마케팅 업계 사람들은 모두 조금 유별난 구석이 있다. 모두가 작가이기 때문이다.

글쓰기를 돕는 도구

● 네이버 스마트 에디터(Naver Smarteditor)

다양한 모바일 디바이스 환경에 맞춘 콘텐츠 창작 툴이다. 글꼴, 글자 크기, 줄 간격 등을 자유롭게 설정할 수 있으며, 단어 찾기/바꾸기와 같은 편리한 기능이 있다. 한 번에 업로드할 수 있는 사진 수가 50장이며, 사진 간 간격을 편리하게 띄울 수 있는 옵션이 있다. 투표, 수식, 글 장식 등의 기능도 있고, 이미지나 키워드에 링크를 삽입할 수도 있다.

● 에버노트(Evernote)

텍스트, 사진, 오디오 등 다양한 방식으로 메모할 수 있는 대표적인 노트 어플리케이션이다. 에버노트는 이미 전 세계 2,500만 명 이상의 사용자들이 쓰고 있으며, 한국어를 포함하여 16개 언어로 서비스되고 있는 세계적인 어플리케이션이다. 단순히 메모만 할 수 있는 것이 아니라 클라우드 기술을 기반으로 웹, PC, 스마트폰 등 모든 컴퓨팅 환경에서 자연스럽게 동기화되어 언제 어디에서나 다양한 방식으로 메모하고 그 자료를 바로 검색하여 찾아낼 수 있다.

● 마이크로소프트 원노트(One Note)

초안 문서의 작성을 빠르고 효율적으로 할 수 있으며, 녹음 등의 부가기능을 포함하고 있기 때문에 여러 가지 콘텐츠를 담을 수 있다. 작성된 문서를 워드 문서 등으로 보내는 MS 오피스 제품 간의 연계가 뛰어나다.

● 심플 노트(Simplenote.com)

가볍고 깔끔하고 단순한 클라우드 노트 서비스이다. 사용법이 간단하다.

● 워크 플로위(Workflowy.com)

생각을 정리해서 리스트로 만드는 마인드맵 같은 기법을 활용해 생산성을 향상시켜 준다. 작업을 진행할 때 처리해야 할 일들의 목록이나 작업 순서를 정하기 등 복잡한 일을 세분화할 때 매우 요긴하게 쓰일 수 있는 툴이다. 책의 목차 같은 작업에 유용하다. 또한 간단한 할 일 입력이나 단문/장문의 메모 입력 도구로도 안성맞춤이다.

● 포켓(Getpocket.com)

포켓은 각종 링크를 저장해 둘 수 있는 서비스다. 인터넷에서 발견한 보물 같은 정보들을 나중에 볼 수 있게 해 주는 유용한 툴이다.

● 윈도우 라이브 라이터(Windows Live Writer)

마이크로소프트(MS)가 내놓은 전문 블로그 SW다. 블로그에 직접 접속하지 않아도 PC에서 글을 쓴 뒤 곧바로 전송할 수 있는 기능을 지녔다. 글자 크기나 색상을 고치거나 사진과 동영상을 넣기에도 편리하다.

● 마이크로소프트 워드(Microsoft Word)

여기에 워드를 소개하려니 조금 쑥스럽다. 너무 흔히 사용되는 프로그램이다 보니 마치 레스토랑 메뉴에 '물'이나 '빵'을 올리는 기분이다. 하지만 이 목록에 빠뜨렸다가는 항의 편지를 받을 것만 같다.

● 스크리브너(Scrivener)

책, e북, 매뉴얼 등 길고 복잡한 문서를 구성하고 조직하고 편집할 때 유용한 글쓰기 소프트웨어다. 하지만 블로그 게시물이나 기사 등 짧은 글을 쓸 때는 과한 도구다. 자료 수집에서부터 기본 틀 잡기, 편집과 퍼블리싱에 이르기까지 유용한 기능이 골고루 포함되어 있다.

● 라이터(Writer)

크롬용 문서 작성기다. 흔히 보는 글쓰기 집중용 앱이다. 초기 화면은 검은 바탕에 초록 글씨가 전부다. 입력한 글은 따로 '저장' 단추를 누르지 않아도 자동 저장된다. 저장 용량도 제한 없다. 사진·동영상이나 하이퍼링크를 삽입하는 기능은 지원되지 않는다.

라이터는 인터넷을 떠돌다 문득 떠오른 생각을 크롬에서 곧바로 기록할 때 편리하다

● 드래프트(Draft)

이름에 맞게 '초안'(draft)을 작성하기에 좋은 노트 작성 앱이다. 평소엔 일반 노트 앱처럼 드래프트 창을 열고 글을 써내려 가면 된다. 글은 저장 단추를 누르지 않아도 자동 저장된다. '드래프트'의 가장 큰 장점은 문서별 '버전 관리' 기능이다. 글을 쓰다 보면 욕심이 생겨 내용을 덧붙이거나 고치다가 원본 글마저 망칠 때가 있다. 드래프트는 이럴 때 쓸모가 있다. 저장된 글을 고치거나 새로운 내용을 덧붙이기 전에 '초안 저장'(Mark Draft)을 눌러 저장하면 버전별로 한눈에 확인하고 언제든지 예전 상태로 되돌릴 수 있다. 초안별 문서 변화를 한눈에 보며 비교하기에도 좋다.

'헤밍웨이 모드' 같은 기능도 재미있다. 이 기능을 켜면 작성 중인 글을 수정하는 기능이 잠긴다. 일단 앞뒤없이 글을 줄줄 써내려 간 다음, 나중에 고치라는 뜻이다. 생각나는 바를 짧은 시간에 집중해 단숨에 써내려 갈 때 켜 두면 좋다.

● 젠펜(Zen Pen)

단순, 깔끔, 담백한 문서 작성기를 원하는 사람에게 알맞다. 하얀 바탕에 까만 글자, 젠펜이 제공하는 전부다. 젠펜에서 가장 도드라지는 건 편집기다. 글의 특정 영역을 마우스로 선택하면 편집 메뉴가 풍선창으로 뜬다. 선택한 글을 굵게, 기울임체로, 인용문 형태로 바꾸거나 링크를 삽입할 수 있다.

- **스토리파이(Storify)**

  새로운 스타일의 쉬운 글쓰기 도구. 트윗, 사진, 영상을 간편하게 편집할 수 있다.

맞춤법 도구

- **우리말 배움터**

  맞춤법, 국어 순화, 외래어 표기법, 문법 검사기 등 한글 자료 수록되어 있다.

- **네이버 맞춤법 검사기**

  띄어쓰기, 맞춤법, 틀린 단어를 찾아낸다.

- **그래머리(grammarly.com)**

  무료, 유료 버전으로 구분되며, 영어 문법을 검사하는 데 유용한 도구다.

이미지 소스

- **크리에이티브 커먼스(Creative Commons, CC)**

  무료(게다가 합법적!) 도구를 이용해 창작물과 지식을 공유할 수 있게 도와주는 비영리단체. 크리에이티브 커먼스의 라이선스는 넓은 범위(저작자 표시를 하지 않고 제한 없이 사용 가능)부터 좁은 범위(특정 조건에서 특정 형태의 사용만 허락)까지 다양하다.

● 포토핀(PhotoPin)

블로그를 쓸 때 유용한 무료 이미지 모음 사이트

● 포토리아(Fotolia)

글로벌 스톡 이미지 판매 사이트. 음식 이미지, 클립아트 이미지 등 고화질 무료 이미지도 제공한다.

● 픽사베이(Pixabay)

퍼블릭 도메인 이미지 저장소로, 47만 장이 넘는 무료 사진, 벡터 이미지 및 일러스트가 있다.

● 모르그파일(morguefile.com)

사진작가가 무료로 제공한 독특한 이미지를 보유하고 있다.

● 틴아이(Tin Eye)

이미지 역추적 검색 엔진이다. 이미지를 업로드하면 출처와 함께 지금까지 그 이미지가 사용되고 변형되어 온 과정을 알려 준다. 원저작자와 출처를 찾기도 좋지만 사용하려는 이미지의 고해상도 버전을 찾는 데도 편리하다.

(※ 글쓰기를 돕는 도구에서는 국내 독자를 위해 원서의 사이트 일부를 생략 및 추가했음을 밝힌다. —편집자주)

"글쓰기에 완벽한 조건이 갖춰지길 기다리는 작가는
결국 한 자도 쓰지 못하고 죽는다."
—E. B. 화이트

완벽하지 못하더라도 일단 시도해 보자.

감사의 말

아. 당신도 이 책을 읽었다니, 이렇게 반가울 데가! 알고 보니 당신은 나와 공통점이 많다.

나는 책 쓰는 일을 자동차 한 대를 만드는 작업에 비유하고 싶다. 절대 아름답기만 한 일이 아니다. 땀과 눈물로 범벅된 길고 고된 과정이다.

이 책의 표지에는 내 이름만 적혀 있지만 책을 쓰는 과정에서 많은 사람의 도움을 받았다. 과한 비유 같기는 하지만 그들은 이 책의 산파 역할을 했다.

다음 분들에게 특별한 감사를 전한다.

베히 하베시안은 이 책에 나만큼이나 정성을 쏟은 사람이다. 무엇보다 그는 세상에서 가장 실력 있는 편집자다. 물론 당신에게 그의 전화번호를 알려 줄 생각은 없다.

내 소중한 친구 낸시 두아르떼는 나의 부탁에 흔쾌히 추천사를 써 주었다. 결국 나는 그녀의 추천사가 붙을 책을 완성하기 위해 부지런히 글을 써내려 가는 수밖에 없었다.

사랑하는 아들이자 예술가인 에반 W. H. 프라이스는 표지와 삽화 그림을 그려 주었다. 내가 바라는 사람으로 성장해 주고 있다는 점에 대해서도 아들에게 감사한다.

조 체르노프는 언제나 유용한 조언과 날카로운 분별력, 훌륭한 글쓰기 실력으로 나를 도와주고 있다.

더그 케슬러는 나의 엉성한 초안을 가장 먼저 읽고도 좋은 말을 많이 해 주었다. 그의 따뜻한 마음과 정신, 지혜, (특히) 유머 감각에 감사를 표한다.

이 책의 구성에 대해 데이비드 미어먼 스코트과 진지하게 의견을 나눈 이후로 대책 없이 끔찍하던 이 책이 제법 형태를 갖추게 되었다. (이 자리를 빌어 그가 내게 이런 도움을 준 것은 두 번째라는 사실을 언급하고 싶다.)

월리 출판사의 섀년 바고, 피터 녹스, 엘리자베스 질디어는 인내심과 조바심을 언제 발휘해야 할지에 대해 놀라운 육감을 보여 주었다.

마케팅프로프스 가족들에게도 감사드린다. '가족'처럼 늘 함께하는 사람들을 언급하려니 좀 쑥스럽지만. 이런 나를 보고 내 딸 캐롤라인은 나답지 못하다고 성화다.

페이스북과 트위터가 아니었으면 이 책의 분량은 지금의 절반도 채우지 못했을 것이다.

아무 대가 없이 의견과 아이디어를 제공해 준 분들에게도 감사드린다.

마지막으로 E. B. 화이트에게 감사한다고 하면 가식적으로 보일까?

《글쓰기의 기본 The Elements of Style》은 한창 글쓰기를 공부하던 대학 시절에 내게 보물과도 같은 책이었다. 나는 실험실의 어린 원숭이가 철사로 만든 어미 원숭이에 달라붙듯이 이 책에 필사적으로 의존했다. (근래에도 매년 한 번씩은 다시 읽곤 한다.) 나는 이 책 에필로그에 실린 '글쓰기에 완벽한 조건이 갖추어지길 기다리는 작가는 결국 아무것도 쓰지 못한다'라는 화이트의 명언을 날마다 되새긴다.

만나 본 적도 없는 위대한 작가에게 감사를 표시하는 것은 아무래도 좀 가식적인 것 같다. 그래도 꼭 해야 할 말을 빠뜨려서는 안 되는 법이다.

— 앤 핸들리

참고문헌

1장 글쓰기 규칙

1. Ta-Nehisi Coates, "Notes from the First Year: Some Thoughts on Teaching at MIT," Atlantic, June 11, 2013, www.theatlantic.com/national/archive/2013/06/notesfrom-the-first-year-some-thoughts-on-teaching-at-mit/276743.
2. Matt Waite, "Matt Waite: How I Faced My Fears and Learned to Be Good at Math," Neiman Journalism Lab, November 13, 2013, www.niemanlab.org/2013/11/mattwaite-how-i-faced-my-fears-and-learned-to-be-good-at-math.

Rule 2

1. "Taylor Mali answers the question, 'Where is your favorite place to write?'" YouTube video, posted by Taylor Mali, September 15, 2007, www.youtube.com/watch?v=O_POEIhEXRI.
2. Mason Currey, Daily Rituals: How Artists Work (New York: Knopf Doubleday, 2013).
3. Gretchen Rubin, "The Habits We Most Want to Foster," Psychology Today, 21 February 2014, www.psychologytoday.com/blog/the-happiness-project/201402/the-habits-we-most-want-foster-or-the-essential-seven.
4. INBOUND Bold Talks: Beth Dunn

"How To Be a Writing God," YouTube video, posted by HubSpot, 8 January 2014, www.youtube.com/watch?v=S8Q3vnPM6kk.
5. Jeff Goins, "Why You Need to Write Every Day," Goins, Writer (blog), www.goinswriter.com/write-every-day.

Rule 3

1. Todd Balf, "The Story Behind the SAT Overhaul," New York Times Magazine, March 6, 2014, www.nytimes.com/2014/03/09/magazine/the-story-behind-thesat-overhaul.html and "Revising the SAT," WBUR, March 6, 2014, radioboston.wbur.org/2014/03/06/sat-changes.

Rule 7

1. Robert Mankoff, "Inking and Thinking," New Yorker blog, June 16, 2010, www.newyorker.com/online/blogs/cartoonists/2010/06/inking-and-thinking.html.

Rule 9

1. Thomas Newkirk and Lisa C. Miller eds., The Essential Don Murray: Lessons from America's Greatest Writing Teacher(Portsmouth, NH: Boynton-Cook Publishers, 2009).

Rule 10

1. Thomas Newkirk and Lisa C. Miller

eds., The Essential Don Murray:
Lessons from America's Greatest
Writing Teacher(Portsmouth, NH:
Boynton-Cook Publishers, 2009).

Rule 14

1. Colin Nissan, "The Ultimate Guide to
   Writing Better Than You Normally
   Do," Timothy McSweeney's Internet
   Tendency (McSweeneys.net),
   April 10, 2012, www.mcsweeneys.
   net/articles/the-ultimate-guide-to-
   writing-better-than-younormally-do.
2. John McPhee, "Draft No. 4," New
   Yorker, April 29, 2013.

Rule 17

1. Ernest Nicastro, "Seven Score and
   Seven Years Ago: Writing Lessons
   We Can Learn from Lincoln's
   Masterpiece," MarketingProfs, April
   27, 2010, www.marketingprofs.
   com/articles/2010/3568/seven-
   score-and-seven-years-ago-
   writing-lessons-wecan-learn-from-
   lincolns-masterpiece.
2. "101 Places to Get F*cked Up Before
   You Die," Thrillist, December 30,
   2013, www.thrillist.com/travel/
   nation/excerpts-from-101-places-
   to-get-f-cked-up-before-youdie-
   thrillist-nation.
3. Franchesca Ramsey, "This School
   Struggled with Detentions, so They
   Asked for Students' Help. Guess
   What? It's Working," Upworthy,
   accessed June 9, 2014, www.
   upworthy.com/this-school-
   struggled-with-detentions-so-
   they-asked-forstudents-help-
   guess-what-its-working.
4. Leah Hunter, "Are Wearables Over?,"
   Fast Company, accessed June 9,
   2014, www.fastcompany.com/
   3028879/most-innovative-
   companies/are-wearables-over.
5. Richard Brody, "The Secrets of
   Godzilla," New Yorker blog, April 18,

2014, www.newyorker.com/online/
blogs/movies/2014/04/the-secrets-
of-godzilla.html.
6. "Honey Maid Takes on Haters, and
   Now I Want Graham Crackers,"
   http://www.annhandley.com/2014/
   04/04/honey-maid-takes-haters-
   now-want-graham-crackers/.
7. Matthew Stibbe, "Want to Write Well?
   Open with a Punch, Close with a
   Kick," Bad Language, http://www.
   badlanguage.net/want-to-write-
   well-open-with-a-punchclose-
   with-a-kick.
8. "How to Use Instagram in a Genius
   Way," AnnHandley.com.

Rule 18

1. Aaron Orendorff, "Getting Your
   Customers to Hold It, Love It, Give
   It Money," IconiContent, March
   3, 2014, iconicontent.com/blog/
   getting-your-customers-tohold-it-
   love-it-and-give-it-money.
2. Natalie Goldberg, Writing Down the
   Bones, Shambhala, 1986.

Rule 19

1. "NSA Files Decoded," the Guardian,
   November 1, 2013, www.
   theguardian.com/world/interactive/
   2013/nov/01/snowden-nsa-files-
   surveillance-revelations-decoded.

Rule 20

1. Anne Lamott, Bird by Bird(Anchor
   Books, 1995).

Rule 21

1. Georgy Cohen, "How Not to Make
   a Website," January 23, 2013,
   Crosstown Digital Communications
   blog, takethecrosstown.com/2013/
   01/23/how-not-to-make-awebsite.

Rule 28

1. William Struck Jr. and E.B. White, The
   Elements of Style, 4th ed(Longman,

1999, Originally published 1920).

Rule 33

1. Stephen King, On Writing: A Memoir of the Craft(Scribner, 2000).

Rule 38

1. Anne Lamott, Bird by Bird: Some Instructions on Writing and Life (Anchor, 1995).
2. "The Scarecrow," Chipotle video, September 11, 2013, www.youtube. com/watch?v=lUtnas5ScSE; Matthew Yglesias, "You Want to Watch Chipotle's Amazing 'Scarecrow' Video," Slate, September 12, 2013, www.slate.com/blogs/moneybox/ 2013/09/12/chipotle_scarecrow _video_is_totally_amazing.html; Schuyter Velasco, "Chipotle Ad Campaign Takes on 'Big Food,' Targets Millennials," Christian Science Monitor online, September 13, 2013, www.csmonitor.com/ Business/2013/0913/Chipotle-ad-campaign-takes-on-Big-Food-targets-Millennials-video; Eliza Barclay, "Taking Down Big Food Is the Name of Chipotle's New Game," National Public Radio blog, September 12, 2013, www.npr. org/blogs/thesalt/2013/09/12/221 736558/taking-down-big-food-is-the-name-of-chipotles-new-game.

Rule 39

1. Neil Gaiman, interview by Chris Hardwick, podcast #106, Nerdist, July 12, 2011, www.nerdist.com/ pepisode/nerdist-podcast-106-neil-gaiman.

Rule 40

1. Victor Doyno, Writing Huck Finn: Mark Twain's Creative Process(University of Pennsylvania Press, 1992).

4장 발행 규칙

1. Shane Snow, "Contently's Code of Ethics for Journalism and Content Marketing," Contently, 1 August 1, 2012, http://contently.com/ strategist/2012/08/01/ethics.

Rule 42

1. Dan Lyons, The CMO's Guide to Brand Journalism, PDF from Hubspot, http://www.hubspot.com/ cmos-guide-to-brand-journalism.

Rule 44

1. Laura Mazzuca Toops, "4 Ways Insurance Might Respond if Godzilla Attacks," Property Casualty 360, May 22, 2014, www.propertycasualty360. com/2014/05/22/4-ways-insurance-might-respond-if-godzilla-attacks.

Rule 45

1. Donald M. Murray, Writing to Deadline: The Journalist at Work (Heinemann, 2000).

Rule 48

1. Matt Savener, "Why We Fact-Check Every Post on Upworthy," Upworthy, February 24, 2014, blog.upworthy. com/post/77713114830/why-we-fact-check-every-poston-upworthy.

Rule 53

1. Maria Popova, "What We Talk About When We Talk About Curation," Brainpickings, March 16, 2012, www.brainpickings.org/index. php/2012/03/16/percolatecuration/.
2. Curata, 2014 Content Marketing Tactics Planner, info.curata.com/rs/ hivefire/images/Curata_ContentMark etingTacticsPlanner2014.pdf.
3. Pawan Deshpande, "10 Steps to Ethical Content Curation," MarketingProfs, December 9, 2013,

www.marketingprofs.com/articles/
2013/12242/10-steps-toethical-
content-curation.

Rule 63

1. "Being Responsible Is Overrated,"
   LinkedIn (press release), December
   10, 2013, press.linkedin.com/News-
   Releases/324/Being-Responsible-
   is-Overrated.
2. Tobias Schremmer, "Don't Be This
   Person on LinkedIn: Headline Don'ts
   and Do's," MarketingProfs, May 28,
   2014, www.marketingprofs.com/
   opinions/2014/25214/dont-be-
   this-person-on-linkedin-headline-
   donts-and-dos.

Rule 64

1. Ayaz Nanji, "4Q13 E-mail Trends
   and Benchmarks," MarketingProfs,
   February 18, 2014,
   www.marketingprofs.com/charts/
   2014/24405/4q13-e-mail-trends-
   and-benchmarks.
2. Authority Intensive event, speaker
   Joanna Wiebe, my.copyblogger.
   com/authorityintensive/.

Rule 66

1. David B. Thomas, "I Didn't
   Believe This Amazing Thing
   About Content Marketing Until I
   Realized I Was Using Kepchup
   Wrong," Salesforce(blog), May
   16, 2014, http://blogs.salesforce.
   com/company/2014/05/content-
   marketing-trend.html.
2. Peter Koechley, "Why the Title
   Matters More Than the Talk,"
   Upworthy Insider(blog), May
   19, 2014, blog.upworthy.com/
   post/26345634089/why-the-title-
   matters-more-than-the-talk.

Rule 69

1. "Top 13 infographics That Mock
   Infographics," SaveDelete(blog),

April 5, 2012, http://savedelete.
com/2012/04/05/top-13-
infographics-that-mock-
infographics/25174?q=/top-
13-infographics-that-mock-
infographics.html#.

Rule 70

1. Ayaz Nanji, "Blog Best-Practices
   and Benchmarks," MarketingProfs,
   April 28, 2014, http://www.
   marketingprofs.com/charts/2014/
   25006/blog-best-practices-and-
   benchmarks.

Rule 71

1. Hubspotting (2013 Annual Report),
   HubSpot, http://hubspot.uberflip.
   com/i/249529.
2. 2013 Annual Report, Warby Parker,
   www.warbyparker.com/annual-
   report-2013.
3. Ann-Christine Diaz, "Warby Parker
   Unveils 2013 Annual Report-and It'
   s 365 Days Long," AdAge, January
   10, 2014, adage.com/article/news/
   warby-parker-unveils-365-day-
   2013-annual-report/291006.
4. 2013 Annual Report(microsite),
   MailChimp, http://mailchimp.
   com/2013/#by-the-numbers.

부록

1. Steve Brocklehurst, "Why Are
   Fountain Pen Sales Rising,"
   BBC News Magazine, May 22,
   2012, www.bbc.com/news/
   magazine-18071830.
2. Lito Apostolakou, "Jane Austen, Her
   Pen, Her Ink," December 8, 2010,
   http://writinginstruments.blogspot.
   co.uk/2010/12/jane-austen-her-
   pen-her-ink.html?q=jane+austen.

마음을 빼앗는 글쓰기 전략

1판 1쇄 2015년 11월 20일 발행
1판 3쇄 2018년 8월 1일 발행

지은이 · 앤 핸들리
옮긴이 · 김효정
펴낸이 · 김정주
펴낸곳 · ㈜대성 Korea.com
본부장 · 김은경
기획편집 · 이향숙, 김현경, 양지애
디자인 · 문 용
영업마케팅 · 조남웅
경영지원 · 장현석, 박은하

등록 · 제300-2003-82호
주소 · 서울시 용산구 후암로 57길 57 (동자동) ㈜대성
대표전화 · (02) 6959-3140 | 팩스 · (02) 6959-3144
홈페이지 · www.daesungbook.com | 전자우편 · daesungbooks@korea.com

ISBN 978-89-97396-59-7 (03320)
이 책의 가격은 뒤표지에 있습니다.

Korea.com은 ㈜대성에서 펴내는 종합출판브랜드입니다.
잘못 만들어진 책은 구입하신 곳에서 바꾸어 드립니다.

이 도서의 국립중앙도서관 출판예정도서목록(CIP)은 서지정보유통지원시스템
홈페이지(http://seoji.nl.go.kr)와 국가자료공동목록시스템(http://www.
nl.go.kr/kolisnet)에서 이용하실 수 있습니다.(CIP제어번호: CIP2015029601)